Raymond Lévesque

On peut pas tout dire

La réalisation de cet ouvrage a été rendue possible grâce à des subventions du ministère de la Culture et des Communications du Québec et du Conseil des Arts du Canada.

Mise en pages : André Lemelin
Maquette de la couverture : montage de Raymond Martin
Distribution : Diffusion Prologue

ISBN : 2-89031-262-3
Dépôt légal : B.N.Q. et B.N.C., 1er trimestre 1997
Imprimé au Canada

Les éditions Triptyque
2200, rue Marie-Anne Est
Montréal (Québec)
H2H 1N1
Tél. et téléc. : (514) 597-1666

Raymond Lévesque

On peut pas tout dire

Textes réunis par Sylvain Rivière

Triptyque

Avant-propos

Longueuil, le 3 mai 1996

Mon cher Sylvain,

Je crois qu'il n'y a qu'une seule chose de vraie, c'est que le temps passe et nous file entre les doigts.

J'aurai bientôt 68 ans. Où est le temps d'hier? Parti et perdu. Bien perdu. Parfois il m'arrive de songer à la mort... sans trop y croire. Cette impression que cela n'arrivera jamais. Pourtant!... C'est peut-être mieux ainsi. Pour ceux qui ont la foi, il n'y a pas de problèmes. Mais pour les autres qui, comme moi, retournent à la nuit éternelle, c'est plus difficile. Parfois je me demande si le Christ a rendu service à l'humanité en ressuscitant. Car tous y mettent leur espérance en oubliant de regarder le miracle de la vie. Comme si cela n'était que temporaire et n'avait aucune importance. C'est toute la création qui est perdante; et l'Homme et la nature. Il est évident que ce pieux mensonge a mis un baume sur toutes les souffrances humaines. Mais le message du Christ était aussi bien autre chose. «Le royaume des cieux est en vous... a dit saint Jacques. Si vous ne renoncez pas à vous-mêmes, vous ne pourrez entrer dans le royaume des cieux. Renoncez à tout et vous trouverez tout.» Il y a la parabole du semeur et combien d'autres qui se rapportent à ce monde. Puis soudain nous sommes transportés dans le rêve; un autre monde, le Paradis, la vie éternelle. L'enseignement s'est surtout attaché à ces paroles. C'était plus facile que de vouloir changer les choses. «Mon royaume n'est pas de ce monde.» C'est bien de ce monde matérialiste et sans amour qu'il s'agissait.

«Hors de moi, point de salut.» Cette sentence a été appliquée à chaque individu, à une âme supposément éternelle. Pourtant c'est de l'Humanité qu'il s'agissait. Car il se pourrait que nous nous détruisions, disparaissions, comme les dinosaures. Dans cent mille ans, quand le temps aura tout digéré, qui donc seulement saura que nous avons existé?

Fraternellement,

Raymond Lévesque

Préface

J'ai eu la chance, parce que pour moi ce fut une chance, de connaître Raymond Lévesque il y a une quinzaine d'années environ.

Depuis, je ne l'ai jamais perdu de vue. Lui non plus d'ailleurs, puisqu'une fidélité épistolaire s'est établie au fil du temps entre nous, racontant de part et d'autre faits d'armes, humeurs, trahissant parfois l'émotion, la révolte ou l'espoir selon la saison ou les aléas du métier.

Si j'ai eu le bonheur de le rencontrer alors, je le connaissais depuis beaucoup plus longtemps. Mon plus lointain souvenir me ramène à «Mon oncle Albert», «Quand les hommes vivront d'amour», «Bozo-les-culottes» et combien d'autres chansons entendues à la radio de CHNC New Carlisle de mon enfance.

Vers l'âge de quinze ans, je trouvai un de ses livres intitulé: *Le malheur a pas des bons yeux*, que je m'empressai d'acquérir au restaurant-tabagie du village avec les sous que j'avais ramassés en vendant des bouteilles vides pendant plusieurs mois. L'été suivant, je partis de Carleton – petit village de la baie des Chaleurs où je suis né et où j'ai passé ma jeunesse – vers Percé, question de tenter l'aventure. Là encore, je retrouvai Raymond sur ma route, puisqu'il était en spectacle au Centre d'art de Percé, lieu de création par excellence, où avaient défilé les plus grands sous l'œil vigilant de madame Suzanne Guité.

D'entrée de jeu, une odeur me monta au nez... Ce petit théâtre tout de noir vêtu, étanche comme une bouteille à la mer, laissait monter en volutes une odeur d'éternité, laissant présager que si beaucoup d'énergie émanait des murs, le meilleur restait encore à venir... Heureux présage.

Puis le noir total se fit. Lumière. Il se tenait debout au milieu de la scène, casquette de capitaine sur la tête, et commença la conversation de son air penaud qui le rend si sympathique, si vrai, créant immédiatement une communion avec le public.

Je n'ai jamais oublié ce premier contact avec lui. Un mystère l'entourait qui commandait le respect, sans jamais rien faire dans ce sens. Après le spectacle, je me glissai dans les coulisses, intimidé, pour lui faire autographier mon exemplaire de *Le malheur a pas des bons yeux*. Il le fit gentiment, en levant le sourcil sur moi d'un air interrogateur qui semblait vouloir dire: comment se fait-il qu'il trimballe un tel livre plutôt qu'un *Spirou*?

Le lendemain, je le revis alors que je déambulais à Percé et je le saluai timidement. Il fallut plusieurs années pour que nos vies se croisent à nouveau.

Entre-temps, nous nous étions écrit à propos d'un manuscrit intitulé *Chanson pour Paul Rose*. Il était alors en cure de désintoxication.

L'année suivante, je l'invitai à Carleton, au lancement de mon premier recueil de poèmes et chansons intitulé *De saumure et d'eau douce*. À son tour, il m'invita à sa maison de la rue Saint-Jacques, à Longueuil, pour en discuter. Ce fut une belle rencontre, à la fois réservée et chaleureuse. Comment aurait-il pu en être autrement?

Un mois plus tard, nous nous retrouvions en Gaspésie pour ce lancement avec Emmanuelle et Laurence Lepage, entre autres. Il m'avait même fait le bonheur de mettre en musique et d'interpréter un de mes textes, *Mi-Saison*, dont je conserve encore précieusement la partition. Puis je retournai à la Baie James, où je travaillais depuis quelques années déjà, et lui retourna à ses chansons.

Quelques années plus tard, je me retrouvai aux Îles-de-la-Madeleine. Peu de temps après, je reçus une lettre de Raymond qui avait appris que j'y étais et qui, rentrant d'Europe un peu découragé, me demandait de lui organiser un spectacle. Je m'y employai donc, à quelques reprises d'ailleurs, ce qui ne fit que multiplier nos rencontres et notre courrier.

À la suite du lancement de mon premier livre à Carleton, j'avais déjà le projet de réaliser un volume sur lui. Nous avions même commencé, mais les impondérables et l'éloignement repoussèrent le projet aux calendes grecques. Cependant, dans un coin de mon inconscient, il continuait de germer.

Par la suite, les nombreux déplacements que je dus faire pour mes ouvrages ne me laissèrent que peu de temps pour autre chose.

Ce n'est que l'an dernier que le projet refit surface, alors que la vie nous réunissait à nouveau autour d'une table de séance de signatures au Salon du livre de Montréal. Nous étions voisins, lui chez Trussart et moi chez Guérin avec *101 Poètes en Québec*. Raymond figurait d'ailleurs dans cet ouvrage. Plusieurs fois il s'échappa de son kiosque pour venir s'asseoir avec moi, échanger des souvenirs et, bien sûr, quelques confidences. Au hasard de l'une d'entre elles, il me parla d'une vieille amie parisienne du temps de la bohème qu'il n'avait jamais oubliée et qui lui avait dit déjà: «Dans la vie, on peut pas tout dire...» Il insista, me mettant la main sur l'épaule et disant: «C'est vrai pareil que dans la vie on peut pas tout dire... Je l'ai jamais oublié. Tu devrais faire un livre avec ça, mon Sylvain!»

Ce à quoi je rétorquai que ce serait à lui à le faire, que ça lui appartenait beaucoup plus qu'à moi.

Dans l'avion qui me ramenait aux Îles, quelques jours plus tard, l'idée m'est revenue de ce fameux livre commencé et mis de côté en cours de route pour toutes sortes de raisons. Je me suis alors rappelé ce que Julos Beaucarne m'avait déjà dit: «Dans la vie, il n'y a pas de hasards, il n'y a que de beaux rendez-vous.» Et je compris que le rendez-vous venait d'avoir lieu, que le temps était venu de faire ce livre avec comme titre les mots de Raymond: «On peut pas tout dire.» Inconsciemment, il avait ravivé une flamme, celle d'une vieille entreprise redemandant à venir au monde...

Sitôt rentré, je lui expédiai une lettre pour savoir s'il était intéressé. Il me répondit que cela arrivait à une période de sa vie où il sentait le besoin de dire des choses et de se savoir utile à un projet semblable. Je lui écrivis de nouveau, fixai un calendrier de rencontres et commençai à rapailler mes notes et mes idées pendant que de son côté il s'affairait à en faire autant.

Je n'ai pas voulu faire une étude exhaustive de l'œuvre de Raymond Lévesque et encore moins de l'homme, j'en aurais été incapable. J'ai voulu en brosser un portrait honnête, tout simplement. Dans un premier temps, l'amener à nous livrer dans ses mots un survol de sa carrière sans pour autant aller dans les détails puisqu'il ne s'agit pas d'une biographie. Dans un second temps: «Réflexions», l'homme aborde une trentaine de thèmes, donnant sa vision de la vie, des choses et des êtres, sans fanfaronner, avec son expérience, dans ses mots. Ce que l'on pourrait appeler, en quelque sorte, un entretien-vérité.

Suivront les témoignages de ceux qui l'ont connu, aimé, respecté, l'album de famille et de carrière, ainsi que des poèmes, chansons, textes de théâtre et monologues.

Merci, Raymond, de m'avoir prêté au fil des ans ton amitié et, au fil des pages, ta vérité...

Sylvain Rivière

Il était une fois…

Raymond Lévesque et sa sœur Claire, en 1938.

Le cœur-accordéon

Mes premiers souvenirs remontent à la rue Saint-Hubert. Dans ce temps-là, la rue Saint-Hubert, c'était une rue de bourgeois, d'avocats, «de gens bien», comme on dit, entre Mont-Royal et Sherbrooke. D'ailleurs, Camillien Houde demeurait sur Saint-Hubert près de Mont-Royal. En face de chez nous, habitait Albert Pelletier, le père de Denise et Gilles, et à côté un monsieur Saint-Denis qui était journaliste au *Petit Journal*. Il était bien connu dans le temps. Ce sont mes premiers souvenirs... Ils remontent à la rue Saint-Hubert. On vivait au troisième étage d'une maison très haute. Un beau logement. C'était haut. Je me souviens quand ma mère a été malade. Elle est partie vite, ma mère, elle n'avait que trente et un ans, moi j'avais quatre ans et quelques mois, ma sœur Claire, l'aînée de la famille, en avait six. Les mois qui ont précédé son décès, ma mère perdait connaissance et tombait souvent. Une fois elle a même dégringolé tout l'escalier. En bas, malgré tout, elle s'est relevée, se forçant à avoir une contenance pour ne pas que l'on panique, nous, les enfants. Je revois encore cette image, ça reste gravé lorsqu'on est enfant...

Je me souviens qu'une fois avec ma sœur Claire nous étions allés à l'église Saint-Louis-de-France, au coin de Roy et Saint-Hubert. Cette église, où j'ai d'ailleurs été baptisé, a brûlé depuis. Donc, un certain dimanche matin, ma sœur et moi, qui étions petits, nous nous sommes avancés dans l'allée principale. Tous les gens nous regardaient et nous sommes ressortis comme si de rien n'était. Je me rappelle cela comme si c'était hier. En sortant, j'avais vu ma mère sur la rue qui paniquait, elle nous cherchait partout. Toutes ces images... Ce ne sont pas des images joyeuses. C'est bizarre. On ne s'en rend pas compte, mais je pense que ça nous marque, même si on ne le réalise pas vraiment. Je pense que lorsque l'on perd sa mère enfant, ça ne peut faire autrement que de nous marquer pour la vie. Il nous reste une absence, une terrible absence...

Je me souviens, j'étais au salon et, tout à coup, je me suis senti vraiment seul... le vide... comme si on m'avait abandonné... On a prétendu qu'un coup de soleil aurait été à l'origine de sa longue maladie.

À Boucherville où se trouve aujourd'hui la compagnie de pain Weston, il y avait autrefois la campagne, les arbres, des belles petites maisons. Je me rappelle que nous étions allés là et que ma mère s'était étendue sur une chaise longue et qu'elle s'était endormie. Elle avait dormi longtemps au soleil. Ils prétendent que ce serait l'origine, qu'une petite veine, un petit vaisseau sanguin aurait éclaté. À sa mort, l'autopsie révéla un caillot de sang à la base du cerveau... Mais ils ne sont pas absolument certains.

Dans la famille de ma mère, on a pensé que c'était mon père qui en était la cause. Ce n'était pas la confiance qui régnait dans la famille! Ils ont cru qu'il l'avait empoisonnée. C'est pour cela qu'ils ont demandé une autopsie. Mon père, ça l'a drôlement vexé et bien découragé. Mon père était un éditeur très connu. D'ailleurs, on lui a rendu hommage: un livre sur lui est paru aux Presses universitaires. Ce fut un pionnier dans l'édition. Il fonda, en 1925, Les éditions Albert Lévesque. Dans ce temps-là, les éditeurs québécois étaient plutôt rares, à part Beauchemin, bien sûr. Mon père a été éditeur de 1925 à 1937. Il était le seul à éditer des auteurs québécois. Il a publié trois cents auteurs québécois dont l'abbé Groulx, Robert Choquette, Jean Narrache et combien d'autres. C'est pour cela qu'on lui a rendu hommage dans ce livre, parce que, à cette époque, on ne jurait que par la France... Les Québécois étaient méprisés, les gens n'avaient pas confiance et surtout pas intérêt à ce que l'un d'entre eux réussisse. Les gens colonisés n'ont pas confiance en leur talent, c'est connu.

Par la suite, il est devenu haut fonctionnaire au gouvernement du Québec, plus précisément à l'Aide à la jeunesse, qu'il a d'ailleurs mise sur pied. Pendant quatre ans, il a occupé ce poste, sous Duplessis et par la suite sous Godbout, je pense. Duplessis a été élu en 1936, Godbout est arrivé en 1940, et Duplessis a repris le pouvoir en 1944. Ensuite, il a quitté son poste, je crois qu'il en avait assez du gouvernement. Je me souviens qu'il m'ait dit un jour: «Quand on joue avec les cochons, on finit par se salir.» La politique, c'était encore plus dégueulasse en ce temps-là qu'aujourd'hui... C'étaient vraiment des crapules, du petit monde. Ah! ciboire, le Québec dans ce temps-là! Je comprends pourquoi Trudeau a un tel mépris des Québécois, il a connu, lui aussi, cette époque-là. Au temps de Duplessis surtout, une petite clique de bourgeois prenaient le pouvoir avec les curés. C'était très très petit. Je me souviens que j'étais allé en vacances à Sayabec, dans la vallée de la Matapédia, chez un monsieur Rioux, un gros fermier. Son frère était ministre de la Voirie, il nous avait emmenés faire une promenade en voiture et, le long de la route, il y avait des travailleurs. Il était arrêté et ils avaient enlevé leur chapeau. Il leur parlait sans les regarder, vraiment comme à des esclaves soumis. Ça m'avait frappé. Ces années-là, pour les Québécois, ç'a été des années dures... Je me demande encore comment on s'en est sorti... À cette époque, je n'étais pas vraiment conscient de tout ce décalage entre les classes sociales, c'est vers 1945-1946 que j'ai véritablement commencé à prendre conscience de l'injustice... Avant ça, j'étais trop jeune.

Après avoir quitté le gouvernement, mon père en a drôlement arraché jusqu'à la fin de ses jours. Tout ça parce qu'il avait commencé son cours de droit à l'Université de Montréal et qu'il avait dû l'abandonner pour se lancer dans l'édition.

Avant d'être éditeur, il avait été secrétaire à *L'Action nationale*. Mon grand-père Labrecque était un gros marchand de charbon. C'est lui qui avait tous les gros contrats, l'hôpital Notre-Dame, l'hôtel de ville; il était très riche, alors c'est lui qui a financé mon père pour mettre sur pied sa maison d'édition. Après avoir fait faillite, mon père me disait souvent: «Ah! si j'avais mon papier d'avocat!» Il lui manquait deux ans, alors c'était difficile pour lui de se trouver du travail. Et dans l'édition, à cette époque, on n'encourageait pas beaucoup les auteurs d'ici.

En 1940, mon père s'est libéré de moi pendant deux ans. Il m'a envoyé à Rimouski, chez ma tante Mariette et mon oncle Armand. C'est la meilleure affaire qui m'est arrivée, chrisse! Ah! ma tante Mariette, elle était fine. Elle et mon oncle Armand, ils étaient gentils avec moi, ç'a été mes deux plus belles années, j'oublierai jamais ça... C'était le temps de la guerre, je me rappelle des soldats, les aviateurs à Mont-Joli. Je me souviens qu'une fois, sur le boulevard Saint-Germain, j'avais vu un attroupement au loin. Je m'étais approché et il y avait un soldat, un Noir. Les gens le poussaient, le tiraillaient d'un bord à l'autre de la rue parce que c'était un Noir. Moi, je ne comprenais pas, je n'ai pas compris tout de suite. Ça m'avait fait quelque chose...

Après la période gouvernementale, nous sommes revenus à Montréal, en 1942. Mon père s'était remarié entre-temps à une dame Boivin qui n'avait pas de santé. Elle était toujours malade et, elle aussi, est morte jeune, à quarante-deux ans, du cancer. À cette époque, mon père, en arrivant à Montréal, a commencé à louer des chambres. C'était pendant la crise du logement, alors il louait de grandes maisons et faisait des chambres là-dedans qu'il louait par la suite. Il a aussi travaillé pour l'emprunt de la victoire, il a fait des jobines presque jusqu'à la fin de sa vie. Il n'a jamais vraiment réussi à remonter la pente, il en a même fait une dépression nerveuse qui a duré longtemps. Un homme qui fait une dépression nerveuse, il a de la misère à survivre, il ne peut pas s'occuper des enfants. Il n'était pas très affectueux avec nous, il était toujours en colère. Je ne l'aimais pas beaucoup, chrisse, il était toujours de mauvaise humeur et n'avait jamais un mot gentil à notre égard.

À partir de 1942, la période de la rue Peel, jusqu'à ce que je parte, en 1950, ç'a été une période difficile. Mon père ne s'occupait pas de nous. Il a bien essayé de m'aider un peu mais, moi, je n'apprenais rien. Je suis parti de l'école en septième année.

Chez nous, c'était morbide comme ambiance. J'ai bien pu devenir alcoolique, hostie! Quand tu commences ta vie avec une ambiance de même... Mon père ne savait vraiment plus quoi faire avec moi; pauvre diable, il a essayé de m'aider puis, à un moment donné, il a lâché. À l'école, je n'apprenais rien, j'étais bien trop paniqué chrisse, avec l'ambiance qu'il y avait à la maison, et puis j'avais déjà un problème de surdité que je ne soupçonnais pas. Pour toutes ces raisons, j'avais beaucoup de misère dans mes études, j'étais toujours en retard. Mon père m'a fait suivre des cours privés, il a essayé longtemps, puis il s'est tanné. Il m'a encouragé un peu dans les études musicales et alors j'ai étudié la musique avec Rodolphe Mathieu, le père du petit prodige André Mathieu. J'ai cessé quand j'ai commencé à travailler dans les clubs. Alors ce fut la débandade...

Ma sœur Claire en a arraché bien plus que moi. Ma belle-mère n'était pas trop sur mon dos, mais elle était sur le dos de ma sœur. Ils l'ont matraquée, câlice! À un certain moment, elle voulait se suicider. Elle est partie jeune vivre à Québec chez la sœur de ma belle-mère qui était bien gentille, tante Mariette.

Ma grand-mère par alliance, Mme Ouellette, était très gentille et avait une école pour les petits enfants. Elle était hollandaise d'origine, son grand-père s'était établi dans la Beauce. J'allais chez elle et elle a commencé à m'enseigner le piano. Je n'avais pas du tout le goût de l'apprendre, elle m'a pourtant bien rendu service en insistant...

Mon père n'était pas fait pour avoir des enfants, il n'était pas porté vers eux. Quand il s'est remarié, cela a fait un scandale dans la famille. On trouvait que c'était un peu vite, juste un an après la mort de ma mère. Surtout en ce temps-là. C'était un peu rapide et dans la famille Labrecque, ils l'ont plutôt mal pris. Je comprends... Alors mon grand-père qui avait aidé financièrement mon père à fonder sa maison d'édition lui a demandé de le rembourser. Il ne pouvait évidemment pas le faire et a dû déclarer faillite. Jeanne, ma mère, était la préférée de mon grand-père Labrecque. Il l'adorait, et elle est morte si vite. Pour lui, c'était un drame écœurant. Et un an après, mon père se remarie, hostie! Il ne l'a pas pris. Alors nous, les enfants, à Québec, on dérangeait. C'était ça le problème, ma sœur et moi. Mon père aurait voulu qu'on fasse comme si on n'existait pas et qu'il puisse être heureux avec sa nouvelle femme sans nous avoir dans les jambes, alors on a toujours eu l'impression d'être de trop. Il n'y avait pas d'amour et quand on est revenus à Montréal, c'était quatre fois pire, chrisse! Parce que, là, il s'est retrouvé sans ouvrage avec en plus ma belle-mère qui avait une santé fragile. Moi, ils m'ont mis dans une école! Une école de bums, l'école Olier, l'ancienne. Depuis, elle a été démolie, elle était sinistre. Les écoles qu'ils construisaient dans les années 1800 étaient toutes en grosse pierre grise. C'était lugubre, ces hosties d'écoles-là et, en ce temps-là, l'école Olier ramassait tous les enfants de la rue de Bullion, la rue Coloniale, la rue Drolet et toutes les petites rues transversales entre Saint-Laurent et Saint-Denis. C'était plein d'enfants de familles pauvres. Les enfants se faisaient brasser dans les familles, alors quand ils arrivaient dans les cours d'écoles, ils étaient déjà en tabarnak...

Et moi, je n'allais pas dans le décor. Ça fait que j'en mangeais des hosties de volées. Ils étaient toujours sur mon dos, ce n'était pas possible à l'école Olier, je me serais détruit si je n'étais pas parti. Je ne me battais pas, je ne savais pas me battre. Non seulement je n'étais pas capable physiquement, mais je n'étais pas de ce milieu-là, moi. Heureusement pour moi, certains prenaient ma défense. Un, entre autres, qui était bien gentil. Ça m'a achevé, cette période-là de ma vie. Moi, à quinze ans, je ne voulais plus vivre. J'avais déjà le goût de m'en aller, tiens, salut!

Je pense que j'ai quitté l'école en 1945. J'ai fait un an au Mont-Saint-Louis avec les frères. Câlice!

Peu de temps après, j'ai commencé à travailler comme *busboy* dans les clubs. Tout a fini là. J'ai commencé à boire... Au début, j'ai été laveur de vaisselle dans un restaurant italien, au coin de Sainte-Catherine et Peel. Comme je n'allais pas assez vite, on m'a mis dehors. Je voulais tuer le gérant, j'avais pris un couteau et je montais l'escalier en colimaçon... Après, j'ai travaillé dans la buanderie de l'hôtel Mont-Royal. Là, j'ai volé une robe de chambre. Je travaillais à la décharge et il était tombé une belle robe de chambre japonaise et je l'avais cachée. Le soir, quand je suis sorti, le gars m'a dit: «C'est quoi ça?» J'ai répondu que c'étaient mes pantalons. J'ai dû lui montrer. Ils m'ont chrissé dehors à coups de pied dans le cul, j'ai reçu un coup de poing sur la gueule. Je ne suis jamais retourné chercher ma paie, ils me doivent encore de l'argent. Dans ce temps-là, c'était écœurant, il fallait que tu travailles un mois avant d'avoir ta première paie. Ils gardaient de l'argent au cas où tu les voles... justement. C'est alors que je me suis ramassé *busboy* au Copacabana, où j'ai eu la chance de rencontrer Fernand Robidoux.

De la vaisselle à la chanson

À cette époque, les clubs de nuit étaient à la mode et le Copacabana était l'un des cabarets les plus fréquentés; Fernand Robidoux y était en vedette.

J'avais commencé à écrire des chansons vers l'âge de dix-sept ans. C'étaient des imitations de Charles Trenet. Mes premières chansons, ce n'était pas la fin du monde. Les toutes premières, je les ai d'ailleurs jetées, je ne sais pas à quoi j'ai pensé. Il devait y en avoir une bonne cinquantaine...

En 1946, après la guerre, les gens avaient de l'argent dans les clubs car ils avaient travaillé dans les usines. Alors c'était l'âge d'or des clubs, il y en avait partout et chacun d'eux présentait des spectacles. L'arrivée de la télévision n'avait pas encore brisé cette magie de la scène, d'autant plus que ça ne fermait pratiquement jamais. Il n'y avait pas de loi; en principe oui, mais graisse un, graisse l'autre, il y avait toujours moyen de les détourner, d'autant plus que la mafia y établissait parfois ses quartiers... C'était dur, la boucane et les batailles, une drôle d'ambiance, on commençait à boire au milieu de la nuit quand la fatigue apparaissait. On était sur le plancher depuis sept heures... à trois heures du matin, on était fatigué en chrisse et là fallait durer jusqu'à cinq, six heures...

Pour se donner de l'allant, on ramassait les fonds de verres qu'on rapportait dans la cuisine et on se les envoyait derrière la cravate. Des fois, ça faisait de drôles de mélanges.

Quand on terminait, vers six heures, on était de nouveau en forme, avec tout ce qu'on avait bu depuis trois heures. Alors, plutôt que de rentrer se coucher, on s'en allait prendre un coup dans les *blind pigs*...

J'ai bien connu l'époque du *Red Light* et de ses *blind pigs*. Sur la rue Saint-Laurent, à cette époque, il y avait autant de monde à six heures du matin qu'à cinq heures du soir. Il y avait aussi les bordels...

Moi, je ne savais pas où je m'en allais... Je ne savais rien du tout. J'avais commencé à écrire des chansons comme ça, et un soir Robidoux est venu chanter au Copacabana. À un moment donné, il est allé prendre un café dans la cuisine et, là, je suis allé le voir et je lui ai dit que j'écrivais des chansons et que j'aimerais bien les lui montrer. Il a été très gentil et il m'a donné un rendez-vous. Je suis allé lui montrer mes chansons et, tout de suite, il s'est pris de sympathie pour moi. C'est comme cela que tout a commencé... Il interpréta peu après mes premières chansons et, grâce à lui, je suis sorti du milieu des clubs.

C'est bizarre, mais il y a toujours eu quelqu'un pour me protéger...

Dans les clubs, le service fonctionnait par sections. Mon *waiter* se nommait Fernand Viens et il avait bien averti que si quelqu'un me touchait, il aurait affaire à lui...

À cette époque, c'étaient les curés qui menaient le bal. C'était une vraie gestapo, ça. Faut l'avoir vu! Ils contrôlaient tout. Si tu mettais sur pied une association quelconque, il fallait que tu t'adjoignes un aumônier. Ils surveillaient tout, censuraient les livres, ils étaient partout. Ils étaient drôlement «pesants», les curés du temps... Alors, imagine-toi que mon père, qui était athée et qui ne les aimait pas trop, ne m'a pas forcé à faire un curé. Ce qu'ils ont fait de la religion n'a pas de sens, une espèce de machine à péchés, à terreur, les gens étaient écrasés par la religion, par la peur du péché, des démons et de l'enfer...

Ce n'est pas ça, la religion... En France, avant la Révolution, c'était pareil. S'ils se sont fait botter le cul, c'est qu'ils l'ont cherché, de même qu'en Espagne et partout. La dictature cléricale...

À un moment donné, je suis parti du Copacabana parce que, quelquefois, le patron me faisait chanter vers trois heures du matin. J'avais fait une parodie de la chanson de Trenet «La mer» intitulée «Le maire de Montréal» qui faisait bien rire les gens. Un soir que je l'avais chantée sans trop savoir ce que j'avais pu faire de spécial, le gérant m'a pris à part pour me dire, après ma prestation: «Vous m'avez déçu...» Moi qui manquais déjà de confiance en moi et qui avais pas mal de misère à contrôler mes émotions, je n'y suis jamais retourné.

Peu après, je suis allé au Faisan doré, l'autre boîte à la mode, où j'ai rencontré Serge Deyglun qui était un client assidu... Il s'assoyait dans ma section et me donnait toujours de bons pourboires. Un soir, je l'ai vu partir pour aller aux toilettes, je l'ai suivi et quand il en est ressorti, je lui ai dit: «Écoutez, vous êtes le fils d'Henri Deyglun, moi j'écris des chansons, je ne sais pas si vous pourriez m'aider...»

Tout de suite il m'a répondu: «Certain, certain...»

Peu après, il m'a présenté à son père qui était un ami de mon père car il avait édité un de ses livres. Je lui ai chanté une chanson et là, monsieur Deyglun a décidé d'écrire une émission pour Serge et moi, Serge chantait aussi à l'époque. Cette émission fut présentée à Radio-Canada trois fois la semaine pendant toute une saison et elle s'intitulait *Grand-maman Marie*. C'est la grande Jeanne Maubourg qui tenait le rôle de grand-maman Marie, une grande comédienne d'origine belge qui jouait aussi dans *La pension Velder*. L'émission durait quinze minutes, de onze heures moins quart à onze heures, à l'ancien Radio-Canada sur la rue Sainte-Catherine. Ce n'était pas gros, dans le temps, un étage avec des studios et un autre pour les bureaux. C'était drôle par contre et il y avait une bien plus belle ambiance qu'aujourd'hui. On chantait nos chansons et monsieur Deyglun écrivait les textes. De l'autre côté de la rue, il y avait un restaurant où tous les artistes se rassemblaient, un bar aussi, le Yatch Club, au-dessus du restaurant Le Délice, au coin de Drummond et Sainte-Catherine. C'est d'ailleurs là que j'ai vu Jacques Normand pour la première fois, un matin, à cinq heures: il était magané. C'est comme cela que tout a vraiment débuté. C'est grâce à Fernand Robidoux que j'ai pu sortir des clubs. Après, tout s'est enchaîné avec la radio et, en 1950, je devins annonceur à CHLP. À cette époque, il nous arrivait – jeunesse oblige – de péter dans les micros pendant l'annonce d'une nouvelle très *british* du genre: «Churchill a déclaré... silence... prout...» On était morts de rire. Ça coïncidait sûrement avec les débuts de la statique.

C'est à partir de 1946, 1947, 1948 qu'a véritablement commencé à circuler la chanson d'ici dans les clubs. Auparavant, on ne jurait que par la chanson française. À CKVL, *La parade de la chanson française,* ça durait quatre ou cinq heures par jour et, dans les clubs, les chanteurs chantaient des chansons françaises et américaines. Il n'y avait rien de québécois. Il n'y avait que la chanson western, La Bolduc, et Oliva Légaré qui faisait un peu de chanson.

On se rencontrait en studio; Fernand Robidoux avait une émission le matin avec le public, tout le monde y allait, c'est là que j'ai rencontré Jacques Blanchet, Roland D'Amour, Lionel Daunais. On a formé un petit groupe et CKAC nous a prêté un studio dans lequel on transcrivait nos chansons. Ensuite, on faisait venir les artistes: Lucille Dumont, Muriel Millard... On leur chantait nos chansons, on leur donnait des copies, on se grouillait, on voulait, mais ç'a été long.

Robidoux, c'est le premier qui a vraiment osé. C'était un risque de chanter des chansons pas connues. En ce temps-là, il fallait que tout le monde chante des petites chansons à la mode; des chansons pas connues c'était impensable, mais Robidoux est le premier à l'avoir fait. À cette époque, Fernand Robidoux enregistrait pour les disques Decca, une compagnie anglaise qui possédait des studios à Londres. C'est donc pour cela qu'il est parti enregistrer nos premières chansons à Londres, parce que là-bas il pouvait avoir vingt-six musiciens pour le prix de quatre ici. Il a enregistré vingt-quatre chansons sur des 78-tours. À son retour, il y a eu un gros lancement. C'est à la suite de cela qu'a commencé à Radio-Canada l'émission *Chanson canadienne* avec Estelle Caron.

La mère patrie

Le 23 avril 1954, nous prenions le bateau à Québec, Serge Deyglun et moi, pour la France. Nous sommes arrivés le 1er mai au Havre, en Normandie. Heureusement pour moi, et j'ai eu l'occasion de faire par la suite plusieurs traversées, je n'ai jamais été malade. Je me souviens que nous étions arrivés à Québec le 22. Une petite amie était venue nous reconduire à la gare Windsor avec Mimi D'Estée et mon père. Nous avions pris le train et en arrivant à Québec, nous étions allés Chez Gérard. Denise Filiatrault était en spectacle, elle chantait à l'époque. On avait pris un coup et, à trois heures du matin, on ne savait pas où aller coucher. On avait demandé à Denise d'aller coucher à son hôtel, on avait dormi sur le tapis et le lendemain on était monté sur L'Atlantique. On prenait un coup sur le bateau, sans trop s'en rendre compte. Il y a quelques années, j'ai rencontré un poète québécois d'origine française, Claude Haeffely, qui me dit: «J'étais aussi sur *L'Atlantique* en 1954.» «Ah! oui», que je lui réponds naïvement, et lui de continuer: «Vous n'aviez pas une bonne réputation à bord...» On ne s'en rendait pas compte, nous autres, mais sur un bateau il faut faire attention car c'est un petit village. Pendant six ou sept jours, c'est toujours le même monde que l'on voit, avec qui l'on mange. Alors si tu te conduis mal, ça se sait; la médisance... D'autant plus qu'il y avait de belles filles qui faisaient aussi la traversée.

À notre arrivée à Paris, à trois heures du matin à la gare Saint-Lazare, Claude Bacqué, une amie française, nous attendait. Nous l'avions rencontrée à Montréal, à l'époque de la rue Saint-Luc. Deyglun et moi y avions chacun un appartement avec Normand Hudon, Jacques Normand, Serge Brousseau et un parachutiste français dont elle était l'amie. Claude Bacqué nous accueillit et, dans les jours qui suivirent, nous aida à trouver un logement. Elle fut très dévouée et gentille pour nous.

Je me souviens que lorsque nous sommes sortis de la gare en pleine nuit, j'ai vu, sur la rue Amsterdam, une petite Citroën deux chevaux. Je regardais cela et je pensais que c'était un gars qui s'était fabriqué une voiture avec de la tôle. J'étais drôlement étonné de voir ces petites autos-là, ça faisait dur, mais c'était pas cher.

À Paris, nous habitions dans une famille, la famille Lartigue, des gens gentils. Deyglun n'est pas resté longtemps, lui. Ben non, trois mois, chrisse! Quand ce fut le temps de renouveler nos papiers à la préfecture au bout de trois mois, il est allé dire que son père était français. Comme la France ne renie jamais ses fils, Serge étant français, cela posa pour lui un drôle de problème... Je le vois encore sortir du bureau des passeports de la préfecture de police alors que j'attendais sur un banc, inquiet de savoir si on allait renouveler mon permis. Deyglun sort tout heureux en disant: «Moi, pas de problème, mon père est français.»

Une semaine après, il recevait une convocation pour faire son service militaire. Il est allé à l'ambassade du Canada pour voir l'ambassadeur Désy qui lui dit: «Mon pauvre monsieur, je ne peux rien faire pour vous. Écoutez, si vous voulez un bon conseil, débarrassez au plus vite...» Peu après, il rentrait au pays. Au moment de monter sur le bateau, au Havre, il avait drôlement peur que son nom soit sur une liste ou quelque chose, il est revenu vite en chrisse...

Moi je suis resté. J'ai vendu mon billet de retour pour rester. C'est là que la bohème a commencé. Je n'ai pas travaillé tout de suite. Je faisais le tour des boîtes, je cherchais des engagements. Ça me tentait de rester en France. Je ne sais pas pourquoi. Pourtant je n'avais rien devant moi. Je ne connaissais personne.

Je voulais essayer de faire connaître mes chansons. J'attendais la Providence... Je n'avais pas beaucoup d'argent mais comme je demeurais chez de braves gens, c'était un peu moins pire. Madame Lartigue m'apportait parfois à manger dans ma chambre.

J'ai travaillé d'abord au Lapin agile pour monsieur Paulo. Je m'étais ramassé là, je ne sais trop comment et, un soir, Deyglun arrive, entre dans la loge et dit au patron: «C'est merveilleux, en France, on peut travailler sans permis.» Monsieur Paulo, estomaqué, me regarde en disant: «Comment, vous n'avez pas de permis de travail?» J'ai dit non. J'ai donc perdu mon emploi sur ces bons mots de Deyglun...

Un soir, je descendais les grands boulevards avec l'idée d'aller me jeter dans la Seine. Je passe devant le Théâtre des Capucines, un théâtre de danseuses, et j'entre au bar, situé en bas, Le Capucin, sur l'invitation du rabatteur... J'ai décidé de prendre un dernier verre et c'est là que j'ai vu un gars qui chantait au piano. Après son numéro, quand il est venu chercher son cacheton au bar, je lui ai dit: «Je suis québécois, je fais des chansons comme vous, je ne sais pas si vous pourriez m'aider...» Il m'a donné sa carte, je lui ai téléphoné et, deux ou trois jours après, je commençais à chanter au Capucin.

Un soir que j'y chantais, je vois arriver Roméo Pérusse, Dominique Michel et Fernand Robidoux avec un journaliste, André Roche. C'était une drôle de belle surprise.

Robidoux avait offert à tout ce beau monde d'échanger de l'argent au marché noir. Malheureusement pour lui, il avait rencontré un pickpocket, alors personne n'avait plus d'argent. Il fallut télégraphier à Montréal, sauf qu'entre-temps... Je leur apportais à manger à leur petit hôtel, moi qui gagnais deux fois rien. J'achetais du fromage et de l'eau, on mangeait des bouts de pain. Quand tu ne manges que du pain et du fromage, tu tombes malade. Le camembert surtout. Heureusement, l'argent est finalement arrivé...

Un jour, je déambulais sur le boulevard de Courcelles, près du parc Monceau. J'avais le moral bas, c'était à l'heure du midi, il y avait une vendeuse de journaux, morte, étendue devant son présentoir, ce n'était surtout pas pour me remonter le moral. Je continue mon chemin et tout à coup je croise Félix. Je le connaissais de vue bien sûr, mais c'est à Paris que nous avons vraiment fait connaissance. Il me demande: «As-tu faim?» J'ai dit oui. Il m'invita au restaurant et me paya un snack. Nous sommes devenus amis, je suis allé chez lui quelquefois à Paris. Mais il s'ennuyait, Félix, il s'ennuyait des Québécois. Il aimait cela avoir des Québécois avec lui. J'allais chez lui et on parlait. Par la suite, au Québec, nous nous sommes vus souvent. Il était gentil, Félix.

Une fois, longtemps après notre rencontre, j'ai dit de Félix, je ne sais pas pourquoi, qu'il était avare. Il était reconnu pour être près de ses sous. Il l'a su, chrisse! Il habitait Vaudreuil et un jour il m'invita à dîner: il y avait du vin et de la nourriture en abondance et il insistait pour que je double les portions et les rasades. Moi, je disais: «Non, non.» Plus tard, j'y ai repensé et j'ai compris qu'il avait voulu me boucher. C'était Félix, ça...

Je lui avais dit une fois, ça, je m'en souviendrai toujours et il avait raison, je lui avais dit: «Ah, Félix, toi t'es connu, tu pourrais bien me donner un coup de main.» Félix avait répondu: «T'as raison, je pourrais te donner un coup de main mais je ne te rendrais pas service, vaut mieux te laisser faire ton chemin, évoluer.» Il avait raison, je n'étais pas prêt...

Le premier cabaret où j'ai chanté, sur la Rive gauche, c'est à L'Écluse, un cabaret très coté. Une des grandes boîtes de Paris. J'ai commencé à y chanter en 1954. J'ai eu souvent l'occasion d'y rencontrer Brassens à cette époque. Il était très fraternel. Un bon gars, Brassens.

Brel, je l'ai connu à L'Échelle de Jacob et Ferrat, quand je travaillais à La Colombe. C'était un petit milieu et nous fréquentions les mêmes endroits après les spectacles. On allait à L'Échaudé. J'étais copain avec Claude Brasseur, j'ai aussi rencontré Belmondo qui était inconnu à cette époque, de même que Barbara qui ne chantait pas encore. Elle était pauvre. Jean-Roger Caussimon, je l'ai rencontré en juillet 1954. Je passais sur la rue Trudenne et j'ai vu une petite boîte à chansons. J'ai mis le nez à l'intérieur et j'ai rencontré Caussimon qui venait d'ouvrir cette boîte-là. Je me suis présenté, il m'a engagé et m'a gardé avec lui un bout de temps. Nous sommes devenus de bons amis et, jusqu'à la fin, nous avons gardé le contact.

J'ai connu Béart Au Port du salut alors qu'il ne chantait pas encore. Il était client et pratiquait son métier d'ingénieur de ponts et chaussées pour la Ville de Paris. La première fois qu'il osa chanter, c'était après un spectacle Au Port du salut. Je me souviens qu'il était très timide. Après, ça s'est bien passé pour lui et pour tout le monde, sauf moi. Mais moi, c'était parce que je buvais. Je ne m'en rendais pas compte...

J'avais connu Moustaki à ses débuts à Cagnes-sur-mer dans un endroit où je travaillais.

Piaf, je l'ai connue moins, bien qu'elle m'ait reçu chez elle, dans sa chambre, où se trouvait le piano, pour une audition. Je lui chantai «L'héritage humain», qu'elle écouta religieusement avant de me dire: «Moi, monsieur, je ne chante que l'amour...»

Par la suite, j'ai eu l'occasion de la revoir à Montréal deux fois alors que je faisais partie des Bozos.

J'avais rencontré Eddie Constantine chez monsieur Eddie Barclay. C'est lui qui enregistra «Quand les hommes vivront d'amour» le premier.

Et puis, les portes ont commencé à se fermer, les gens ne te disent jamais pourquoi... Je prenais un coup sérieux, à un moment donné, ça n'avait plus d'allure. Alors j'ai décidé de revenir ici pour essayer de me replacer un peu. Finalement, ici, j'ai commencé à travailler presque en arrivant.

De toute façon, je n'aurais pas pu faire une grande carrière avec mon petit ukulélé... Je n'aurais pas vraiment pu faire de grandes salles, je n'avais pas la personnalité de Brel ou de Brassens, je ne pense pas que j'aurais pu percer à Paris.

J'étais quand même assez connu à Paris puisque je faisais un peu de télévision, de la radio et j'avais des disques qui tournaient. Il y avait ma chanson «Les trottoirs» qui fonctionnait bien, à un moment donné j'étais assez connu.

Je me suis fait virer de chez Jacques Canetti quelques fois. Il me disait: «Je n'ai pas le temps, monsieur, ça ne m'intéresse pas...»

J'ai vu Aznavour se faire mettre à la porte de l'Olympia. J'étais avec monsieur Coquatrix dans son bureau, au quatrième étage de la rue Caumartin, quand il aperçut Aznavour montant l'escalier. Sans perdre un instant, il lui lança: «Ah, non! Charles, ah non, merde! Je vous l'ai dit, Charles, que ça ne m'intéresse pas!» Aznavour a tourné les talons, déçu une autre fois. Ç'a été dur pour Aznavour, il a eu de la misère en tabarnak. Ç'a été bien dur pour lui. En 1954, juste au moment où il espérait, Bécaud est arrivé, Bécaud lui a coupé l'herbe sous le pied. Ça lui a pris des années avant que ça fonctionne.

J'ai connu Bécaud en 1952, à CHLP, alors qu'il était le pianiste de Jacques Pills. Je lui ai fait visiter Montréal, on est devenus amis, je lui ai présenté des copains et une fois nous sommes allés à Sainte-Rose chez un ami qui avait un chalet. Quand je suis arrivé à Paris, je l'ai croisé quelques fois, il se souvenait de moi. Une fois, je l'ai rencontré à Juan-les-Pins avec Guylaine Guy et il m'a demandé comment j'aimais la Côte. Je lui ai répondu que ce que j'aimais le plus, c'étaient les marchés de Provence. «Je trouve cela tellement beau les marchés de Provence», que je lui ai dit. Peu après, il a fait une chanson qui s'intitule: «Les marchés de Provence». Je ne sais pas si c'est moi qui lui ai refilé le tuyau...

Pour en revenir à Eddie Constantine, c'est monsieur Barclay qui me l'avait présenté. Il avait d'abord enregistré «Les trottoirs», c'était une grande vedette de cinéma à cette époque. Par après, j'étais allé le voir dans sa loge à l'Olympia, entre deux spectacles, pour lui présenter une chanson. Ce n'était pas le bon moment. Il était fatigué et n'avait pas de piano. Il m'a dit: «Chantez-la-moi comme cela.» Alors j'ai chanté «Quand les hommes vivront d'amour» a cappella. Immédiatement, il m'a dit: «Je vais vous la faire, dans quinze jours je l'enregistre...» N'eût été de Constantine, je crois bien qu'elle ne serait jamais sortie, cette chanson-là!...

Elle a commencé tranquillement, d'ailleurs. Ç'a été d'abord Constantine, puis Cora Vaucaire et, vingt ans plus tard, en 1974, avec la Superfrancofête. C'est d'ailleurs Félix qui a suggéré: «On va finir le spectacle avec «Quand les hommes vivront d'amour». Mais les interprètes ne la chantent pas correctement, ils ne savent pas bien les mots, ils répètent toujours: «Les soldats seront troubadours», mais il y avait autre chose... Là, elle est vraiment partie la chanson, mais ça aura pris vingt ans... Il y en a au moins vingt enregistrements dont des versions en allemand et en espagnol.

Retour au pays

En février 1958, je m'étais embarqué sur le bateau Le Liberté à New York et, à bord j'avais rencontré un groupe composé de quatre chanteurs noirs avec qui j'avais fait une émission de télévision. Avant de partir, le pianiste qui se nommait René De Knight m'a joué un air de piano et m'a dit: «J'aimerais cela que tu m'écrives des paroles là-dessus.» Peu de temps après, j'écrivis pour lui «Les voyages» qui fut enregistrée par la suite par Barbara et Jean Sablon. Curieusement, encore aujourd'hui, je retire des droits d'auteur pour cette chanson sans savoir qui la chante.

Comme tous les gens égarés, je m'étais retrouvé à Saint-Germain-des-Prés, en 1954, à l'époque de la bohème. Tous les cassés étaient là. Quand tu es cassé, il faut que tu voies des cassés. Si tu vas voir un gars riche, il n'y a rien à faire... On n'avait pas beaucoup d'argent mais on fraternisait autour d'un bon verre de rouge.

L'été, j'allais à Saint-Paul-de-Vence où j'avais des amis. Aujourd'hui, c'est devenu une ville bourgeoise. À l'époque, il y avait quelques touristes mais ce n'était pas la fin du monde. C'était plein de vieilles maisons délabrées, tu pouvais avoir une maison, pas cher, en autant que tu ne sois pas trop regardant quand il pleut. On était une bande de joyeux lurons à se retrouver à Saint-Paul-de-Vence pour trinquer et avoir du fun. J'en garde de bien bons souvenirs.

À cette époque, j'avais coupé tout contact avec le Québec. Je n'écrivais même pas à mon père. Cela a duré plus de quatre ans. Je ne savais pas ce qui se passait ici et eux n'en savaient pas plus à mon sujet. Une fois, je rencontre un Québécois, à Paris, au Tire-bouchon, une boîte à Montmartre. J'étais au bar et il s'adresse à moi. C'était un fonctionnaire en mission, il me dit: «J'écoute votre chanson «Les trottoirs» régulièrement, au Canada, c'est ma chanson préférée.» «Ah oui!» que je lui réponds, médusé. Je ne savais même pas que mes chansons jouaient ici!

D'autant plus que, dans ce temps-là, au Québec, les droits d'auteur, c'était tout un micmac. Je ne pouvais pas savoir, d'après les rapports, que j'avais des chansons qui marchaient ici.

Toujours en 1956, André Roche est venu lui aussi à Paris. Il m'a proposé d'organiser pour moi une tournée au Québec, des émissions de télévision et tout le tralala. Comme il était français lui-même, j'ai été reçu en grande pompe à mon arrivée ici. J'en ai été le premier surpris. Je me suis aussi aperçu que l'on avait raconté toutes sortes de choses dans les journaux sur ma carrière en France, choses qui n'étaient pas vraies. Ils parlaient de moi comme si j'étais un artiste connu en France alors que je travaillais dur. J'avais fait des tournées avec Annie Cordy, entre autres, j'étais un peu connu, mais ici on avait tout monté en épingle. Ça fait qu'on parlait aussi contre moi. Certains disaient: «Non, non, c'est pas vrai.» Moi, j'ai toujours dit la vérité, j'ai dit que je travaillais... un point c'est tout.

Je suis retourné en France en 1957 pour revenir au Québec à la fin 1958. La réception ne fut pas la même, puisque je n'avais été absent qu'un an à peine. D'autant plus que je débarquais pendant la grève de Radio-Canada...

Peu après, on a fondé Les Bozos. J'ai aussi commencé à participer à une émission pour enfants intitulée *Coucou* qui a tenu l'antenne pendant quatre ans.

Les Bozos sont nés de la grève de Radio-Canada, puisque personne n'avait d'ouvrage. À la suite d'un spectacle que nous avions donné pour les grévistes, nous nous sommes réunis Ferland, Clémence, Brousseau, Léveillée et moi. C'est là que l'on a commencé à parler de former un groupe ensemble. Par la suite, on a trouvé une salle, rue Crescent, et tout a démarré, et fort! On a fait notre temps puis chacun est retourné à ses occupations.

Déjà, la Révolution tranquille commençait à se faire sentir ici. Moi, c'est pourtant en France surtout que je me suis politisé, avec la guerre d'Algérie... Cette guerre a beaucoup marqué la France. Cela a duré sept ans et ce fut une guerre dure, sur laquelle les Français étaient divisés. À Paris, il y avait des policiers et des soldats partout... Ça m'a politisé par le fait même. Quand je suis revenu au Québec, je ne connaissais pas grand-chose à ce qui se passait ici. Tout à coup, j'ai entendu parler d'indépendance. Guy Sanche fut le premier à en discuter avec moi. Il m'a parlé de Bourgault. Tout de suite, j'ai embarqué dans le R.I.N. J'ai d'ailleurs fait beaucoup de spectacles pour eux.

Malheureusement pour ceux qui les font, toutes les révolutions sont volées. En Russie, la révolution a été volée par les bolchevistes, la Révolution française contre la bourgeoisie, on sait ce que ç'a donné: Napoléon est revenu... et dans le cul, chrisse! Ça n'a pas été bien long... En Algérie, c'est ceux qui ont fait la révolution qui l'ont volée. Ils ont pris le pouvoir et instauré ensuite le totalitarisme qui, à son tour, a amené la corruption. L'Algérie était divisée: le pouvoir d'un côté et les pauvres de l'autre. C'est l'injustice sociale qui a amené la révolution. Il y a eu beaucoup d'injustice sociale en Algérie. Les islamistes, les fanatiques ont gagné les élections mais l'armée n'a pas voulu leur donner le pouvoir, alors ils ont pris le maquis. La solution, ce serait la démocratie, chrisse! Ils essaient d'implanter la démocratie mais chez les islamistes, on est deux cents ans en retard, tabarnak, ils sont encore à fouetter le monde, à leur couper un doigt, chrisse! Alors l'armée a hésité, ses dirigeants se sont dit: «Ils vont installer un système qui est pire que celui qui existe.» L'Islam veut prendre le pouvoir partout au nom de Allah Allah Allah... Si les islamistes appliquent toutes les vieilles règles qui datent de Mahomet, ce n'est plus possible de fonctionner aujourd'hui. La situation est difficile, car en Égypte et partout, maintenant, il y a des mouvements islamistes qui se forment.

C'est comme cela l'histoire de l'humanité, les changements de régime ne sont pas faciles à instaurer. Au Québec c'est pareil, surtout que les Québécois sont un peu chieux et qu'ils ont peur de l'inconnu. De son côté, le fédéral fait tout ce qu'il peut pour mettre le monde en tabarnak. On va l'avoir un jour, l'indépendance. Les Anglais sont tellement stupides qu'ils ne sont même pas capables de nous reconnaître le moindre petit statut particulier: société distincte, qu'est-ce que ça peut bien leur chrisser? Ils ont toujours été racistes vis-à-vis de nous et ce sont eux qui nous traitent de racistes, eux qui ont toujours agi de façon dégueulasse envers nous et les minorités des autres provinces. Je ne sais pas si nous finirons vraiment par être indépendants mais ça ne peut pas rester comme ça... On va sûrement avoir un statut particulier. C'est ce que l'on veut renégocier, une nouvelle entente. Mais ce n'est pas possible avec des gars comme Chrétien qui sont là, ciboire! Vendus à la finance anglaise, complètement en retard, incapables d'évoluer. Heureusement pour nous, dans les autres provinces ça évolue, les gens commencent à comprendre un peu et vont finir par forcer le gouvernement fédéral à bouger. Au fond, qu'on ait perdu le référendum par si peu, ça revient au même. Et ça cause moins de problèmes, c'est vrai...

Je me suis aussi beaucoup impliqué dans les syndicats comme artiste bénévole. J'ai fait beaucoup de spectacles de tous genres, un peu partout. D'ailleurs, au Patriote, Yves Blais m'avait dit un jour: «Tu es en train de te tuer, les gens ne paieront jamais pour aller te voir, tu donnes des spectacles gratuits partout.» Au fond, il avait raison...

J'ai même fait un disque intitulé *Raymond Lévesque chante les travailleurs* pour la FTQ, avec un mot de Louis Laberge.

Ma carrière n'a jamais vraiment marché. Je n'ai jamais vraiment eu accès aux grandes salles. Il m'aurait fallu un commanditaire, un producteur, et je n'en ai jamais eu. J'ai fait la Comédie-Canadienne en première partie de Vigneault avec Dubois. Par la suite, nous avons fait la tournée ensemble dans tous les coins du Québec. L'année suivante, j'ai fait la Comédie-Canadienne seul, j'ai joué *Bigaouette* avec Claude Michaud et Suzanne Valérie, il n'est pas venu bien du monde...

Une fois, Charlemagne Landry, l'agent des Jérolas, a essayé de me produire au Grand Théâtre de Québec et en tournée, mais ça n'a pas fonctionné non plus. Pour moi, ça marchait au Patriote et lors des revues. Aussi l'été, à La Butte à Mathieu, pendant onze ans ainsi que dans les petites boîtes à chansons. Je n'ai jamais su exactement pourquoi mais, au fond, c'est sûrement à cause de mes problèmes d'alcool. On ne s'en rend pas compte lorsqu'on boit... Ce qui ne m'a pas empêché de gagner ma vie en faisant ce que j'aimais: un petit cachet ici et là, radio, télévision, disques, droits d'auteur...

J'ai commencé à faire de la poésie en 1966. Avant, j'écrivais des chansons et des monologues. À partir de 1968, je me suis mis aussi au théâtre. C'est Vigneault qui a publié mon premier livre, en 1968, *Quand les hommes vivront d'amour*, aux Éditions de l'Arc. Après, j'ai publié aux Éditions de l'Homme, chez Parti Pris, chez Fides, chez Guérin, Leméac, l'Hexagone et Vlb.

Quand la chanson se livre

Le 15 octobre 1970, on avait fait au Centre Paul-Sauvé un encan chinois. Il y avait Pauline Julien, Michel Chartrand, Robert Lemieux et plusieurs autres artistes. Tout à coup, un gars est venu nous dire: «L'armée a entouré le Centre Paul-Sauvé.» Ce n'était pas vrai, je ne sais pas pourquoi il était venu nous dire cela. Après la soirée, je suis rentré tard dans la nuit chez moi. Peu après, j'ai ouvert la télévision et vers cinq heures du matin, un bulletin spécial annonçait le décret de la Loi des mesures de guerre...

À neuf heures, un peu inquiet, j'appelle à la CSN et je demande ce qui se passe. Celui qui répond me demande où je suis. Je lui réponds: «Chez moi.» Il me dit: «Va-t'en, ils arrêtent tout le monde.» Je suis parti et suis allé à Saint-Sauveur, chez mon ami monsieur Henri Deyglun. Je n'ai donc pas été arrêté. Faut dire que ça ne m'intéressait pas vraiment de l'être! En fin de compte, ils ne sont jamais venus chez moi. Des années plus tard, j'ai rencontré un gars dans un bar qui m'a dit: «Moi, je travaillais comme commandant dans le temps de la Crise d'octobre. Tu n'as pas été arrêté, sais-tu pourquoi?» J'ai répondu: «Non.» Il a continué: «Je vais te le dire. C'est grâce à Gérard Pelletier et Jean Marchand. Ils ont vérifié la liste d'arrestation et Pelletier a barré ton nom...»

Il faut dire que c'était un ami de longue date que j'avais connu à la radio et puis à Paris. C'est quand même bizarre qu'on ait rayé mon nom et pas ceux de Pauline et de Gérald, qu'ils connaissaient bien aussi.

Trois jours plus tard, en rentrant du Nord, je descends de mon auto, et j'entends une voix: «D'où viens-tu?» Je regarde, je ne vois rien. Tout à coup, un soldat sort d'un arbuste, déguisé en arbuste. Je lui réponds que je reviens de chez des amis. Il me dit: «Ça fait trois jours que tu es parti.» Ma boîte aux lettres avait trahi mon absence. C'est maudit. J'ai été surpris.

C'est comme les premiers membres du FLQ, en 1963. Je les avais connus, sans savoir que c'étaient eux, à ma boîte sur la rue Crescent, Le Bar des arts, située sous une galerie d'art. Je faisais alors un spectacle d'actualité sur des thèmes politiques de l'époque, des monologues et des sketchs avec Benoît Marleau. Ça marchait bien, d'autant plus que j'étais à peu près le seul à faire ce genre de spectacle-là. Alors les gars venaient chez nous, il y avait Bizier, Schneider et les autres. Je parlais du FLQ et ils étaient dans la salle. Je l'ai su quand ils ont été arrêtés, j'ai vu leurs photos dans le journal.

Le premier FLQ a donné un choc, ç'a servi de détonateur. Ç'a réveillé tout le Canada, les Anglais et tout le monde. Si Trudeau a fini à Ottawa avec sa gang, c'est à cause du FLQ. Trudeau, il doit de l'argent aux gars du FLQ. Sinon, il ne serait pas allé si facilement à Ottawa. Avec les bombes, les Anglais ont commencé à se poser des questions. Ils avaient besoin d'un Québécois de service, alors ils ont pris Trudeau qui a toujours gardé une mauvaise image des Québécois (depuis le temps de Duplessis) et qui s'est organisé pour nous écœurer.

Le deuxième FLQ, ç'a causé beaucoup d'ennuis et ça n'a pas vraiment rapporté. Souvent, ce qui se passe, c'est que des types prennent le sort du monde sur leurs épaules. Ça marche rarement parce que le peuple ne veut pas suivre... C'est comme ça partout. «Action directe» en France, ils ont fait du grabuge, ils ont été arrêtés et ils paient pour les autres. En Allemagne et en Italie, c'est la même chose. Pendant que certains défendent une cause, le peuple continue de vaquer à ses affaires, comme si ça ne le concernait pas. On ne peut pas arriver à des changements de cette façon. Ça prend la participation du peuple pour faire la révolution, chrisse, pas une gang!... Même chose avec le Parti québécois. J'ai compris tout de suite que René Lévesque, il nous fourrait. Ça n'a pas été long. Il patinait trop. Il a manqué le bateau parce qu'il a pris le pouvoir avec une gang d'intellectuels, d'universitaires. Ben loin du monde, chrisse! Des gras-dur qui ne sont pas plus faits pour la révolution que ma grand-mère. Lévesque aurait dû passer à l'action dès qu'il a pris le pouvoir. C'était le moment de foncer, il avait le peuple avec lui, c'était le temps ou jamais. Au lieu de cela, il a dit: «Écoutez, assoyez-vous, pis restez tranquilles, on va voir...» On va voir, on va voir! Le temps a passé, les militants sont retournés chez eux, les gens ont fini par perdre la foi en Lévesque. Il nous a trompés, ce gars-là. Peut-être que ce n'était pas son intention... Lévesque, c'était de nature un gars hésitant; il avait de la misère à se brancher et il était chieux en plus... Moi, j'aimais mieux Parizeau, il n'a jamais été chieux comme Lévesque. Je l'ai bien connu d'ailleurs, René Lévesque, dans le temps de la grève de Radio-Canada, j'étais même chum avec lui. Quand j'ai ouvert le Bar du music-hall, sur la rue Saint-Hubert, c'est lui qui m'a aidé à obtenir mon permis car c'était dans son comté.

Par la suite, je ne sais plus trop ce que j'ai fait. J'ai gagné ma vie... Ah oui, j'ai travaillé trois étés à l'île d'Orléans. De 1974 à 1976, je présentais des revues au Théâtre de l'Île. Au même moment, je tournais dans *Panique*, le film de Jean-Claude Lord. Je lui ai dit que je chantais le 16 novembre à Paris. C'est d'ailleurs là-bas que j'ai appris la victoire du Parti québécois. J'avais voté le 15 et j'étais immédiatement parti pour Paris. Je devais revenir le 17 ou le 18, à cause du film. Je fais donc mon spectacle et après on a pris un coup. Le lendemain, je ramasse mes bagages, je monte dans l'autobus... et je m'endors. Je me réveille quelques heures plus tard au terminus. Le chauffeur ne m'avait pas vu, j'étais écrasé en arrière. Je pars à la course, et une agente de l'aéroport me dit: «Pauvre monsieur, l'avion est parti!» Je lui réponds: «Madame, il faut absolument que je rentre à Montréal, trouvez-moi un autre vol.» Arrive un préposé qui entend mes doléances. Il s'approche et me dit: «Suivez-moi, je vais arranger cela.» Effectivement, quelques heures plus tard j'embarquais sur British Airways, direction Montréal via Londres. Dans l'avion, je me rends compte que j'ai oublié mon manteau à Paris. Ici, c'était l'hiver. J'ai donc débarqué en veston à Mirabel. Heureusement, mon auto était dans le stationnement souterrain!

Toujours en 1976, Pauline Julien m'appelle de Paris pour me dire: «Raymond, ta chanson «Quand les hommes vivront d'amour», ça tourne beaucoup à Paris, et puis ça marche. Tu as des droits d'auteur, mon impresario m'a dit que tu as quinze mille francs de droits qui t'attendent ici...»

Je demande à Pauline de vérifier si c'est bien vrai. Elle me le confirme peu après. Alors je décide d'aller passer un an en France et je dis bonjour à la famille. En arrivant à Paris, ce n'était plus quinze mille francs, mais plutôt quinze cents, l'équivalent de trois cents dollars. J'étais un peu pris de court... Au bout d'un mois, j'ai dû revenir. J'avais l'air intelligent!

Cet été-là, au Théâtre de l'Île, j'ai joué dans *Quand les hommes vivront d'amour*, mon texte monté pour la première fois par Réjean Roy, aux côtés de Marie Tifo, Michel Daigle et Robert Gillet.

En 1978, j'ai travaillé au théâtre d'été de Claude Michaud, La Relève à Michaud, dans le bout de Verchères et, en 1979, dans un petit théâtre sur les bords du lac Mégantic.

En 1980, j'ai reçu un trophée de l'ADISQ pour souligner ma carrière et aussi le titre de «Patriote de l'année». Je faisais des moyens discours, j'improvisais. Je gueulais contre René Lévesque!

Jusqu'en 1984, j'ai continué d'écumer la province en donnant mes spectacles dans toutes sortes d'endroits. À partir de cette année-là, la surdité m'a empêché de faire mon métier...

Je me suis levé un matin et ça y était. Le médecin m'avait prévenu que ça se passerait comme ça. Jusqu'alors, j'avais réussi à bien vivre de mon métier. Tout à coup, je me retrouvais devant rien. C'est toujours embêtant...

Alors, j'ai décidé de me consacrer à l'écriture. J'ai publié plusieurs livres depuis dont, en 1983, un livre sur le Parti québécois, *C'est à ton tour mon cher René*. Parmi ceux qui l'ont lu, il y en a qui m'en veulent... En 1987, j'ai publié mes mémoires chez Leméac: *D'ailleurs et d'ici*. Depuis 1990, je fais publier un livre par année. J'en ai toujours deux qui sont prêts d'avance. Maintenant, je veux écrire de la fantaisie. Ça ne sert à rien de vouloir écrire de grands livres. Moi, ma spécialité, c'est la fantaisie... Le théâtre, ce n'est pas vraiment mon domaine. Félix, lui, rêvait de devenir Molière. Il a été déçu. J'écris donc des spectacles fantaisistes où j'attaque...

Réflexions

Au Port du Salut en 1956, lors du tournage d'un film pour l'O.N.F. On y aperçoit Gérard Pelletier.

La vie

Personnellement, je ne crois pas aux lois de l'évolution. Le tout est trop complexe... Prenons juste le corps humain: c'est de la machinerie, le corps humain, tu as tous les anticorps là-dedans, c'est d'une précision extrême, c'est impossible que ce soit seulement dû à l'évolution et à la nécessité. Moi, je pense que l'homme a toujours existé. D'ailleurs, le Christ n'a jamais dit: «Je suis le fils de Dieu.» Il a dit: «Je suis le fils de l'Homme.» Alors, il se pourrait qu'il y ait un être éternel quelque part. Je pense que la vie, c'est une formule qui reste intacte. Même si l'être humain se détruit lui-même, la formule, elle, recommencera toujours ailleurs. Ça va être encore la même chose pour les écureuils, les chats, les chiens, les arbres, le monde et les fleurs. Je suis certain que, sur d'autres planètes, il y a de la vie comme ici.

Certains disent que le big-bang a été le signe du commencement. Moi, je pense que ce n'est pas le commencement mais bien la fin, une explosion. C'est un monde qui s'est détruit et la vie a repris sur des débris, puisqu'elle recommence toujours la même chose... Alors, à un moment donné, cela a recommencé sur Terre. Je dirais que la vie, à ce moment-là, était un peu handicapée. Au début de la Terre, c'est le chaos, après, les grosses bibittes, comme si la vie avait subi des radiations. Comme si elle tentait de se purifier. Au début, il y a eu des monstres, puis les monstres ont disparu et sont arrivés les singes. De là, on en est arrivé à l'homme... Maintenant c'est de l'évolution de la conscience qu'il s'agit, elle se cherche à travers les guerres, l'injustice, l'exploitation de l'homme par l'homme. Je suis convaincu qu'elle va prendre forme et qu'un jour nous arriverons «aux hommes qui vivront d'amour».

Je crois aussi que l'homme est un être dément. Ce n'est pas l'individu comme tel, mais l'ensemble qui est démentiel, les valeurs, l'argent... Ça n'a pas de sens, ça opprime le monde entier. Il y a des gens qui crèvent de faim partout aux quatre coins de la planète à cause du capital. Tous les espoirs ont sombré, à commencer par le christianisme qui est tombé entre les mains d'une bande d'imbéciles qui ont ajouté toutes sortes de statues, de prières, l'enfer, le purgatoire... Je me rappelle ma vieille tante de quatre-vingt-six ans qui était sur le point de mourir et qui disait: «Maintenant, faut que j'aille au purgatoire...» Ils ont inventé toutes sortes d'affaires, mais le message du Christ, c'est un message qui s'applique à la vie. C'est un message très logique: «Aimez-vous les uns les autres.» Ne vous volez pas et ne vous frappez pas sur la tête. C'est le gros bon sens, parce que la vie n'a pas besoin d'être autre chose. Alors que les valeurs d'argent divisent tout le monde, créent l'exploitation de l'homme par l'homme; les valeurs de profit, d'enrichissement, de succès, ce sont toutes des valeurs qui divisent et créent l'injustice. La valeur de travail par exemple: les gens sont conditionnés à gagner leur vie, mais c'est un mensonge. Si les gens sont obligés de gagner leur vie, c'est qu'il y en a qui sont là pour la leur vendre. Ce n'est pas écrit dans le ciel que l'on doive travailler pour une compagnie, que l'on doive s'écœurer pour gagner sa paie. Les gens sont conditionnés à cela, convaincus qu'il faut travailler pour gagner sa vie. Ils croient que c'est une loi de Dieu alors que ce n'était pas cela qu'il voulait dire du tout... Ce sont les crosseurs qui ont pris tout cela en main et c'est cela qui fait un monde cruel...

La justice

Les juges ont perdu beaucoup de crédibilité au Québec, les gens n'ont plus confiance. Il y a toutes sortes de jugements tout croches qui sont rendus. Les salons de massage et le juge Bienvenue... Est-ce que c'est assez niaiseux! Je n'ai jamais entendu quelque chose d'aussi stupide. Les anciens ministres qui se retrouvent juges, ce sont toujours des nominations politiques; ça ne fait pas nécessairement de bons juges... Qu'on leur fasse suivre des cours avant de les lâcher dans la nature... Quant aux assassins, on dirait qu'ils ne pensent jamais à leurs victimes. Ils demandent la clémence alors que l'autre ne reviendra jamais.

C'est bien beau de dire: «Je suis réhabilité...» Et les morts, eux...

Le partage

J'ai fait un livre là-dessus intitulé *Ketchup*. Bien sûr, l'idéal de la société, ce serait de partager. Partager un minimum, ça n'a pas de sens. Un petit nombre sont gras-dur et un grand nombre crèvent de faim. Il devrait y avoir plus de justice sociale. Mais c'est toujours la même chose: le problème de l'homme, c'est la conscience et la conscience n'a pas évolué. Les grands prophètes ont bien essayé mais sans grand succès. Plus ça va, plus l'escroquerie est partout: en Europe, en France, aux États-Unis. Une petite clique mène le monde; même en Russie où une bande de primaires, de brutes prirent le pouvoir au nom du peuple et ce fut quatre fois pire.

On parle toujours des crimes de Staline. Il a fait déporter, emprisonner, tuer dix millions de fermiers quand il a voulu faire les fermes communautaires. C'est épouvantable, les crimes de Staline, mais il n'y a pas que lui. Staline n'a jamais tué personne, il n'est jamais allé dans un camp de concentration, ce sont les crimes de ceux qui servent le pouvoir, qui se sentent obligés d'obéir. C'est cela, le problème. Les gens sont conditionnés à l'obéissance, à l'autorité. Mais il ne faut pas obéir à n'importe quoi! Même chose pour Hitler: c'est parce qu'il avait une multitude de gens à son service que de pareilles atrocités sont arrivées. Ça n'a pas de sens. Les assassins, ce sont ceux qui font ce qu'on leur dit de faire sans se poser de questions morales...

La religion

Le Christ a deux messages. Engels, qui était lié à Karl Marx, a écrit que la Bible était pleine de contradictions. C'est vrai. Une partie du message s'applique à la vie: «Le royaume des cieux est en vous...» C'est cela que le Christ a voulu nous enseigner, que le royaume des cieux, c'est un état d'esprit, une façon d'agir. Mais ses successeurs ont incorporé les anges, la résurrection et tout le tralala au message du Christ. Avec le ciel à la fin. Alors c'est quoi? Est-ce ici ou ailleurs? L'Église s'est beaucoup servie de cela pour opprimer... L'Église a collaboré avec tous les puissants, les dictatures surtout, ça lui plaisait bien, à l'Église, les dictatures... En Espagne, Franco lui plaisait... Les gens d'Église sont pour l'autorité. Et la hiérarchie de l'Église, c'est une dictature. Les prêtres sont obligés de se soumettre, ils n'ont pas la liberté de penser...

L'Église a aidé à écraser les hommes... L'Église a dit aux gens: «Soumettez-vous à l'autorité qui vient de Dieu.» Quand on voit ceux qui ont le pouvoir, l'autorité, on peut dire que Dieu a de drôles d'amis. Il a de mauvaises fréquentations. On a écrasé les peuples en leur annonçant le royaume à venir...

La foi ne prouve rien. Personne ne sait rien, d'où l'on vient, ni la raison du mal aux quatre coins du monde. La fourberie, la cruauté dans l'esprit de l'homme. Les soi-disant tenants de la vérité peuvent bien raconter ce qu'ils veulent, n'empêche que personne ne sait rien. Le Christ, ce qu'il a voulu combattre par sa parole, ce sont justement les fausses valeurs. Son message s'applique à la vie, à la société, à notre vie intérieure. Et pour finir, il est allé ressusciter. Alors ç'a fourré tout le monde... Il aurait mieux fait de s'en tenir à son enseignement: hors de moi, point de salut. C'est de cela qu'il s'agit. C'est évident que si nous continuons d'agir comme nous agissons, nous finirons par nous détruire. On s'en va par là. Il va y avoir des sécheresses avec l'effet de serre et l'amincissement de la couche d'ozone. Tout va brûler, les terres vont devenir stériles, plus rien ne va pousser, les glaciers vont fondre. Il va y avoir des famines écœurantes, les gens vont mourir par millions, il se peut qu'il ne reste rien... c'est pas des câlices de farces, tout cela à cause de l'industrie et de l'automobile, ce grand fléau. On a intérêt à trouver vite des moteurs électriques! L'homme n'a pas été créé pour une société industrielle. «Méfiez-vous de l'arbre de la connaissance», c'est écrit dans la Bible. D'ailleurs, on dit qu'au paradis terrestre, Adam a voulu savoir, connaître... C'est là qu'il s'est fait avoir... Il a refusé de s'incliner, il a voulu être le maître; c'est ce qui l'a perdu et nous perdra encore.

La dignité

Certains ont en eux-mêmes de la dignité, mais la majorité des gens n'ont pas été éduqués en ce sens. Le système social ne tend pas vers la dignité.

La vraie dignité, je crois que c'est la compassion, la philosophie chrétienne. Les chrétiens qui, par leur foi, suivent l'enseignement sont des gens dignes. Ce sont des gens qui pratiquent la charité et essaient d'avoir une vie convenable. C'est ça, la vraie dignité...

La dignité, elle vient du cœur, pas de la façade, comme chez les bourgeois, les nobles...

La dignité, je pense qu'on la trouve chez les petites gens qui se dévouent, qui essaient d'avoir une vie chrétienne, ceux qui pensent à leur prochain, qui pratiquent la charité et le don de soi. Ces gens-là ont une grande dignité.

Ça ne paraît pas toujours, la dignité. Certains ont l'air de bums et ce sont des gens très charitables. Ça ne paraît pas toujours dans leur comportement, ce n'est pas souvent apparent, la dignité...

La création

Des créateurs, il n'y en a jamais eu beaucoup. «Beaucoup d'appelés mais peu d'élus.»

C'est injuste au fond. Pourquoi l'un a-t-il un grand talent et l'autre pas? Toute la vie, c'est ça: un qui a, l'autre qui n'a pas...

La création artistique c'est une chose qui donne de la noblesse à la vie. Parce que la vie, c'est une suite de crimes, une bataille entre les gens pour avoir toujours plus. Ce n'est pas très digne... Les hommes se croient intelligents. C'est faux. Il y a eu quelques hommes intelligents. C'est tout. Tout le reste n'est que bêtise, cruauté.

Les arts, c'est très important. C'est cela qui donne vraiment un sens à la vie. Les grands musiciens, les grands peintres, sculpteurs, écrivains, ce sont eux qui donnent une noblesse à la vie. Ce ne sont pas les hommes d'affaires ni les politiciens, ce sont les créateurs et les mystiques qui donnent de la valeur à la vie. Il n'y a pas beaucoup de grands créateurs, de gens qui ont vraiment marqué leur époque. Peut-être un sur un milliard. Ce n'est pas beaucoup.

La timidité

La timidité, c'est un fléau. J'ai longtemps été timide. Ça m'a pris du temps à m'en débarrasser. Il y a tellement de gens qui ont des possibilités et qui n'osent pas, dans toutes sortes de domaines. Des gens qui ne développent pas leur potentiel à cause, justement, de leur trop grande timidité ou de leur manque de confiance en eux. Combien de gens sont passés à côté de leur vie pour cette raison?

Moi-même, j'ai beaucoup manqué de confiance en moi à cause de ma jeunesse, de l'ambiance familiale et des écoles où je suis allé. C'est en France que j'ai commencé à prendre confiance en moi. Parce que, en France, on me traitait d'égal à égal. Je ne me sentais pas rejeté, méprisé en France. Le trac aussi, j'en ai souffert longtemps. Je prenais un coup pour pouvoir monter sur scène. Aujourd'hui, je n'ai plus le trac.

La timidité, c'est un fléau, c'est sûr... Combien de personnes sont seules parce qu'elles sont trop timides, qu'elles n'osent pas exprimer leurs sentiments ou encore mettre leurs mains à la bonne place...

L'amour

L'amour, ça c'est compliqué. D'abord, la vie sexuelle en est la base. L'attrait que l'on éprouve pour quelqu'un est souvent dû en grande partie à la sexualité. C'est souvent elle qui fait que l'on cherche à se rapprocher, il ne faut pas rêver en couleurs. Le sexe, c'est important.

Ça me fait penser au jésuite qui était mourant et à qui l'on a demandé, avant qu'il ne pousse son dernier souffle: «Qu'avez-vous à dire, mon père?» Dans un effort, il murmura: «Tout tourne autour du cul...» C'est vrai... Il y a aussi l'attrait pour la personne, le caractère, mais le mariage, ça ne fonctionne plus comme avant, parce que, autrefois, les femmes étaient soumises à leur mari, ce qui ne veut pas dire que les couples étaient plus heureux pour autant, mais les femmes ne pouvaient faire autrement. Quelquefois, ça faisait des vies d'enfer. Mon grand-père et ma grand-mère, ils ne s'arrangeaient pas du tout et ils ont élevé treize enfants. Dans ce temps-là, il n'y avait pas moyen de faire autrement...

Aujourd'hui, c'est différent. Plus souvent qu'autrement ça ne marche pas longtemps, parce que chacun sait qu'il peut partir s'il le veut. Un couple, pour que ça dure vraiment, ça demande beaucoup d'affinités entre les deux. Il faut que les caractères s'adaptent bien, ce qui n'est pas toujours facile. Les premiers sentiments d'amour ne durent pas longtemps. Après, ce qui est important, c'est l'amitié, le respect surtout...

L'amour, c'est un beau sujet pour les romans et les pièces de théâtre, ça donne de belles histoires. Mais dans la vie de tous les jours, l'amour connaît diverses périodes. Ça marche par périodes. Le début, le grand amour, ensuite la deuxième période, la troisième période, puis les chicanes... L'amour le plus sincère demeure celui que l'on éprouve pour ses enfants. Pour ceux qui aiment leurs enfants, évidemment. Ça, c'est vraiment un amour désintéressé, un amour sincère...

L'âme

Je ne crois pas à l'âme individuelle, que chacun de nous a une âme éternelle, quelque chose qui se dégage, qui se détache de notre corps, qui s'en va dans un ailleurs. L'âme, c'est tout l'individu, c'est dans le cerveau. Tout est dans le cerveau. Ce n'est pas pour rien que nous avons cent milliards de neurones. Ça en prend un paquet. Tout est dans le cerveau, le moindre geste que l'on fait, la moindre démarche, la pensée, le caractère. C'est une grosse machine, le cerveau, un ordinateur, un gros ordinateur sauté... parce que l'on pose des gestes anormaux.

Pour moi, ce qu'on appelle l'âme, c'est l'individu. Je ne vois pas cela comme quelque chose à part... Que le corps soit une machine et que, à l'intérieur, l'âme active la machine, je ne crois pas à cela.

On nous en a raconté des bonnes. Moi, je ne crois pas à l'âme éternelle. C'est mon opinion. Remarquez que tout est possible. Tout peut bien exister. On nous disait que, quand on mourait, on arrivait dans un jardin de roses ou d'épines, ça dépend... Peut-être y a-t-il une autre vie, peut-être que nous allons ressusciter, tout est possible, mais on ne le sait pas. Alors, quand on ne sait pas, il faut y croire en crime! Je crois qu'il est bien possible que nous disparaissions comme les dinosaures. D'autres espèces avant nous sont disparues... Si l'on disparaissait, dans dix mille ans, de tout ce qui existe, il ne resterait plus rien, plus une maison, tout tomberait en poussière...

Alors, si la vie reprenait dans un million d'années, il n'y aurait jamais personne qui saurait que nous sommes passés dans le décor. Jamais... C'est peut-être ce qui est déjà arrivé. Peut-être y a-t-il eu d'autres civilisations avant nous qui sont disparues et dont nous ne soupçonnons pas l'existence encore aujourd'hui...

Il m'arrive de me demander si chaque être humain n'est pas une formule mathématique. Peut-être qu'un jour, on sera capable de ressusciter des hommes en allant chercher le code des individus... et en les reconstituant... Ce sont des choses possibles, mais si on se met à inventer des histoires, on peut en inventer en maudit!

L'alcoolisme

L'alcoolisme, ça c'est un hostie de problème! Dans l'alcoolisme, il y a une part d'hérédité, oui, une part d'hérédité...

L'alcoolisme, c'est tout l'individu. Ceux qui commencent à boire, c'est parce qu'ils sont mal dans leur peau. Parce qu'ils ne sont pas bien avec eux-mêmes. Les alcooliques, ils ne pensent pas toujours correctement. Ce sont souvent des gens sensibles qui se laissent atteindre par tout ce qui se passe. Souvent des gens qui manquent de confiance en eux, qui ont eu une enfance difficile. Mais l'alcoolisme, c'est l'individu. Comme le style, c'est l'individu. C'est toute la personnalité, l'alcoolisme... Avec le temps, à force de boire, ça devient une allergie physique commandée par la peur.

Dans une famille de neuf enfants qui ont été battus, certains vont s'en sortir, quelques-uns vont devenir alcooliques, c'est un type de personnalité... certains ne sont pas capables de passer à travers une épreuve, d'autres le sont. C'est compliqué, l'alcoolisme, parce que ça concerne à la fois le corps et l'esprit, l'âme... C'est difficile à soigner. Même les psychiatres ne veulent pas soigner cela. Mon psychiatre me l'a dit: «Je ne soigne pas l'alcoolisme...» Moi je n'allais pas le voir pour cela, j'allais le voir pour la dépression et, avec les médicaments, je me ramasse avec un orchestre dans la tête... C'est compliqué. Beaucoup font des dépressions et du surmenage de nos jours mais on soigne cela avec des médicaments. Quelquefois cela prend du temps à agir, sans parler des effets secondaires.

J'ai vécu tout croche parce que, psychologiquement et émotionnellement, j'étais tout croche. Quand on commence sa vie en se faisant botter le cul dans des écoles barbares et qu'on se ramasse plus tard dans un trou de la Main, ça ne fait pas un départ bien bien brillant, chrisse! Et quand on se noie dans l'alcool, ça gâche une vie. J'ai été cinq fois hospitalisé pour alcoolisme... Pendant onze ans, quand je travaillais à La Butte, il y avait deux endroits où j'allais. Des beaux bars, à Sun Valley, bonne ambiance, beaux hôtels, bons amis. Après j'ai laissé le Nord et n'ai pas eu beaucoup l'occasion d'y retourner. Dernièrement, de passage dans le coin, je décide de faire un détour pour revoir ces lieux. Plus rien... rasé... un champ, câlice! Il y avait un bel hôtel avec piscine, une écurie avec des chevaux, le manoir du lac Millette... Plus rien, ç'a dû brûler, ça m'a fait quelque chose. On perd notre temps dans ces endroits-là, notre temps et notre argent. Mais tout cela, c'est de la brume. Il vaut bien mieux mettre notre argent de côté et travailler, chrisse, que de gaspiller notre temps et notre santé...

L'amitié

L'amitié, ça c'est important. Ce n'est pas passionné comme l'amour mais c'est plus solide et, souvent, ça dure plus longtemps. On ne peut pas vivre sans amitié, sans camaraderie, sans des gens avec qui partager et avec qui on est content de jaser, qu'on aime voir.

J'ai eu beaucoup d'amis, autrefois, quand j'étais plus jeune. Quand on vieillit, on sort moins, on a moins d'occasions de rencontrer des gens. Mais à trente, quarante ans, on est sur la trotte et on a bien des occasions de rencontrer du monde. C'est plaisant, ça fait du bien. Plusieurs de mes amis sont morts et c'est bien dommage.

La surdité

La surdité, c'est un handicap, mais ce n'est pas le pire. À ne pas entendre, quelquefois, on ne manque pas grand-chose... Personnellement, la surdité ne m'a pas affecté plus que cela. Être aveugle, c'est un handicap très dur. Les non-voyants et ceux qui sont dans des chaises roulantes et ne peuvent plus marcher, ça ce sont de grands handicapés. La surdité, ce n'est pas grand-chose, à mon avis. Je n'en fais pas une montagne, même si ça me limite beaucoup. Quand on est sourd, on ne peut plus avoir tout à fait la même vie sociale, on ne peut plus téléphoner, on ne peut plus aller dans des lieux où il y a beaucoup de monde. C'est difficile, on n'entend rien, il faut tout nous écrire. On peut apprendre à lire sur les lèvres, bien sûr, et j'avais même commencé. Mais quand le professeur m'a dit qu'il y avait six cents sortes de babines différentes, j'ai tout lâché. C'est difficile de lire sur les lèvres car parfois, pour deux lettres différentes, la position de la bouche est la même. Si j'avais été plus jeune, j'aurais essayé, mais à un moment donné...

C'est surtout vers l'âge de vingt ans que j'ai commencé à prendre conscience de mes problèmes de surdité, mais ça remonte à ma naissance, c'est congénital. J'ai réussi à fonctionner quand même. J'avais une oreille qui ne fonctionnait pas mais l'autre fonctionnait à soixante pour cent. C'était suffisant pour me débrouiller. Ma sœur Claire, mon aînée, éprouvait les mêmes problèmes. Cela serait dû à des complications que ma mère a eues lorsqu'elle nous a enfantés...

Le suicide

Le suicide, ah oui! Autrefois, avec la religion et la croyance à un autre monde, une autre vie, les gens acceptaient mieux leurs conditions de vie qui souvent étaient plus difficiles qu'aujourd'hui. Ils arrivaient mieux à accepter leur sort patiemment. Mais, aujourd'hui, les gens ne croient plus, ils n'ont plus la foi, ce qui fait qu'ils ne voient pas l'intérêt de se faire chier plus longtemps qu'il ne le faut. C'est cela qui arrive. Les gens qui ont des conditions de vie difficiles au point de vue économique ou moral, les gens qui ont des conditions de vie pénibles ne voient plus la nécessité d'endurer cela. Alors, ils se suicident, chrisse. Il y en a beaucoup, des suicides, supposément trois par jour...

J'y ai pensé souvent... J'avais d'ailleurs essayé à vingt-trois ans quand j'habitais sur la rue Closse, j'avais un petit logement avec un poêle à gaz et j'avais plusieurs amis qui s'étaient suicidés, dont Sylvain Garneau, entre autres. J'avais bouché le bas de la porte avec de la gazette et j'avais ouvert le poêle à gaz. Là, j'attendais... Ça a commencé à sentir un peu le gaz et à un moment donné, j'ai changé d'idée, j'ai dit non, on va voir. J'ai vu.

Souvent cela m'a traversé l'esprit, dans les périodes plus difficiles. Mais je n'aurais pas su comment. C'est compliqué, se tuer... J'te dis que c'est une chrisse de job, tabarnak! C'est plate de se pendre. Une balle dans la tête, ce n'est pas bien drôle... Remarque que ça va vite. Une de mes amies l'a fait. Moi je dis qu'il devrait y avoir des pilules pour se tuer. Ce sont les religions qui imposent la vie aux gens, mais de quel droit? Tu viens au monde, mais vivre, ce n'est pas une obligation, si ça ne te tente pas. Tu n'as pas demandé à venir au monde et il faudrait que tu demandes la permission pour t'en aller. Chrisse, c'est quoi, ça? Les maudites religions qui imposent leurs croyances. Dans les journaux, à propos de l'euthanasie, ils discutent à n'en plus finir... J'avais lu un article d'une espèce de catholique plein de merde qui disait: «Il faut attendre que Dieu vienne nous chercher...» Qu'est-ce qu'ils sont fatigants! C'est Dieu qui nous a mis au monde, faut attendre qu'il vienne nous chercher. Je le trouve pas mal sadique, leur Dieu, qui laisse souffrir à certains le martyre. Il devrait venir les chercher tout de suite, plutôt que de les laisser souffrir. Y a-t-il quelque chose de plus niaiseux que ces maudites croyances?

On a le droit de débarrasser si on veut, voyons donc! C'est quoi, ça? Entre-temps, les gens sont obligés de se donner la mort de façon écœurante. J'ai appris qu'un vieux chum était mort à cinquante-cinq ans en se jetant en bas du pont Jacques-Cartier. C'est plate en tabarnak, se jeter en bas du pont Jacques-Cartier, câlice, tu te retrouves dans l'eau frette. Des morts pénibles, la pendaison, toutes sortes d'hosties de patentes. Il y en a qui se mettent des sacs sur la tête, d'autres qui se jettent devant des camions. Il devrait y avoir des pilules, une prescription... De toute façon, les gens se tuent. Aussi bien s'arranger pour qu'ils se tuent de façon civilisée...

La déprime

La déprime, ça concerne tout le monde... Il y a beaucoup de gens dépressifs, il y a aussi beaucoup d'hérédité là-dedans. Dans ma famille, il y avait beaucoup de gens dépressifs, dont ma mère. J'ai fini par apprendre que mon grand-père s'était pendu, parce que j'ai fait des recoupements. Autrement, on ne me l'aurait jamais dit. Quand je demandais à mes oncles ou mes tantes de quelle façon mon grand-père était mort, à l'âge de soixante-cinq ans, un me répondait d'une pneumonie, un autre d'autre chose, ce n'était jamais pareil. Une fois, j'ai demandé à mon père et il m'a répondu: «D'une dépression nerveuse...» J'ai dit: «Comment peut-on mourir d'une dépression nerveuse?»

Je voulais acheter le livre *Last exit* mais c'est gênant d'aller chercher cela dans une librairie. On peut penser que tu veux mettre fin à tes jours. En France, un livre est paru sous le titre: *Suicide, mode d'emploi...* Ç'a fait un scandale, ce livre-là, mais il n'a pas été interdit.

L'argent

J'appelle cela l'oppression économique. J'ai pris conscience de l'importance de l'argent il y a longtemps. On est tous écrasés par l'argent. À chaque coin de rue, il y a une banque comme une police qui te surveille. Les gens sont pris à gagner leur vie, ce n'est pas normal, cela. On dit: «Tu gagneras ta vie à la sueur de ton front.» Mais chrisse, ç'a été dit il y a longtemps dans les Écritures, des choses comme ça. Aujourd'hui, des gens sont obligés de s'enchaîner à un travail dans des usines pour gagner leur vie pendant que d'autres sont gras-dur... Moi, l'argent, j'appelle cela des coupons. Les gens ne s'en rendent pas compte, mais les billets de banque, ce sont des coupons. Si tu leur dis: «L'argent, c'est seulement des coupons, chrisse, ça vous prend des coupons.» Ce n'est pas normal que celui qui n'a pas de coupons n'ait pas le droit de manger, de se vêtir, de dormir sous un toit. Il y a toujours un bout...

L'oppression économique, c'est le problème des États. Tranquillement, j'ai pris conscience de ces choses-là, de l'injustice sociale, de l'oppression et j'ai commencé à écrire des poèmes là-dessus.

Le syndicat

Ce sont les syndicats qui ont déformé la mentalité des travailleurs. Maintenant, ils ne pensent qu'à l'argent, qu'à leur convention, leur ci, leur ça... Ils n'ont pas de conscience sociale. Les syndicats auraient dû créer une unité, une conscience sociale. Au lieu de cela, ils ont créé des classes, des castes de professeurs, des castes de fonctionnaires, des petits groupes gras-dur et bien payés. Chacun ne pense qu'à ses intérêts en se câlissant pas mal de ce que ça coûte au peuple. C'est comme les congés payés; je demandais à un gars: «Pourquoi des congés payés, hostie?» Ça coûte cent millions de plus par année au gouvernement. Pourquoi est-ce qu'il faut leur payer des congés? C'est un acquis, qu'ils répondent. Ce n'est pas un acquis mais un abus. C'est cela qui est arrivé à un moment donné, avec les syndicats, ils ont abusé. Ils ont fait beaucoup de tort et sont en partie responsables du déficit. Ils ont fait fermer et déménager bien des usines, et mis sur le cul quasiment toute la Côte-Nord. Ils vont se faire serrer la vis, bientôt... Maintenant les capitalistes s'en vont dans le Tiers-Monde. Ça ne coûte pas cher là-bas et ça fait l'affaire de ces peuples qui n'ont rien. Pour eux, quatre piastres de l'heure, c'est bon. Pourquoi faudrait-il que ce ne soit que les Québécois qui soient gras-dur, qui vivent bien et soient confortables? Pourquoi faudrait-il que le reste du monde mange de la merde? Pourquoi?

La philosophie du syndicat, c'est que le patron, c'est l'ennemi. Quelquefois les syndicalistes devraient faire des concessions plutôt que de fermer les usines, mettre les familles à la rue. Ça n'a pas de sens ce qu'ils ont fait. Sans parler du Stade olympique, cela a été du vol écœurant. Ça n'a pas coûté un milliard et demi de dollars pour rien! Je connais des gens qui ont travaillé là, c'était le vol généralisé. La Baie James, tabarnak! Ils ont dû s'en payer, là...

L'armée

J'ai écrit plusieurs poèmes sur les militaires. J'en ai fait un qui s'appelle «Kommandantur». Au fond, les militaires sont lâches. Ils n'osent pas refuser, ils obéissent par peur de se faire fusiller ou d'aller en prison. Il n'y a pas de fraternité entre les militaires, il y a bien une amitié de bière mais pas de véritable solidarité. Chaque homme se croit invincible. L'invincibilité est un sentiment que tous les êtres humains partagent. Chacun croit qu'il ne lui arrivera rien alors que les autres vont se péter la gueule. Les militaires qui montent au front, qui sont deux mille en ligne, ont toujours l'impression que c'est le gars d'à côté qui va se faire tuer alors que lui s'en sortira avec une médaille et une pension à vie. C'est bizarre, non? J'avais un ami, il y a longtemps, qui venait me saluer au chalet des Laurentides au temps de La Butte à Mathieu. Il avait fait son service militaire. Une fois qu'on parlait de je ne sais quoi, il avait lâché: «Comme on dit dans l'armée: *Fuck you, I'm all right.*» Tabarnak, je n'en revenais pas. Il n'y a aucun esprit de solidarité, tout est faux... Ils sont tous conditionnés par de fausses valeurs. Le devoir, chrisse, c'est grave de fausser le sens du devoir comme ils le font. Et le drapeau, c'est important! Il y a des gens, quand ils saluent le drapeau... attention!

Les Américains, ils y croient au drapeau. Pour unir les gens dans un pays, ça prend un drapeau...

Personnellement, je ne crois pas à la notion de pays. La patrie, c'est un autre mensonge. La patrie, c'est la raison d'être des États, point final. Le pouvoir d'exister des États dépend de leur raison d'être, alors on a recours à la patrie... C'est aussi la raison d'être des ministres, des présidents, des ci et des ça, de tous les fonctionnaires et de l'armée. Mais pour nous autres, chrisse, c'est quoi la patrie? Nous autres on paie, on entretient la patrie avec nos impôts. On nous dit: «Oui, mais la patrie vous donne l'assurance-santé, etc.» Elle ne nous donne rien, c'est nous qui payons. Elle nous offre des services, mais ce n'est pas gratuit. Si la patrie existait, les liens entre les gens seraient un peu plus fraternels: on est du même pays, de la même langue, de la même race, on fraternise. Mais ce n'est pas ça, chacun est dressé l'un contre l'autre. Au plus fort la poche. La seule chose qui unit les gens, c'est la langue. En parlant la même langue, ils peuvent se comprendre. À part cela, il n'y a rien. Pour souder les gens ensemble, ça leur prenait un drapeau. Ça, c'est énervant. J'ai déjà vu une réunion de patriotes québécois: quand ils montaient le drapeau, c'était grave! Moi, le drapeau qui mange de la merde, c'est une guénille, chrisse. C'est toutes des valeurs comme ça. On fait des livres d'histoire pour créer un lien entre les gens, mais tout cela, c'est du truquage. La réalité est bien différente... La patrie, c'est la chasse gardée des possédants. Mais pour les pauvres diables, ça ou autre chose, ils vont manger de la merde quand même... C'est grave en maudit, le drapeau, les médailles, l'honneur. Ah! l'honneur, le courage, le courage, chrisse, parce qu'il a un habit de soldat. Voyons donc, c'est tout faux. Je l'ai dit dans mon poème «Kommandantur». Conditionnement, on est tous conditionnés. C'est cela que je dis dans mon spectacle...

La providence

La providence, je ne sais pas trop quoi en penser. C'est bizarre, la providence... Les gens ont besoin de croire en quelque chose. Au fond, on est tout seul et tout nu dans l'univers. Faut bien s'habiller avec quelque chose...

La providence, ça aide beaucoup de gens qui ont besoin de croire en quelque chose. Personnellement, j'aurais pu me tuer plusieurs fois et il est arrivé quelque chose. Comme si quelqu'un veillait sur moi...

À cinq heures du matin, dans mon automobile, je me dirige sur un poteau. Bang, je me réveille juste à temps. Dix secondes de plus et ça y était. Je n'ai eu que le temps de donner un coup de roue. Qui m'a réveillé? Heureusement, il n'y avait pas d'autres voitures.

Plusieurs fois, j'ai été bien mal pris. Je pensais à cela l'autre nuit. Franchement, il y avait vraiment quelqu'un qui veillait sur moi. Une chrisse de job pour un gars de veiller sur moi!...

Le Québec

Le Québec, c'est le coin de terre où je suis né, où je vis et où je partage avec les autres la langue. À part ça, à part les amis, il n'y a pas grand-chose, câlice...

Pour moi, l'indépendance du Québec, c'est une notion de justice. On vit dans un pays où on a toujours été rejeté. Quand tu sors du Québec, tu n'es plus chez toi. La preuve: si tu parles ta langue, tu te fais insulter. Quand je pense que les Anglais osent nous traiter de racistes! Les pires racistes, ç'a toujours été eux. Si le pays ne fonctionne pas, c'est parce qu'ils ne nous acceptent pas. Alors on n'a rien à faire dans ce pays-là, ils ne veulent pas de nous autres... Mais ils ne sont pas capables de nous le dire franchement. Ils veulent que l'on continue à en faire partie car ça les arrange au point de vue économique. Mais ils ne veulent pas de nous comme individus, comme entité culturelle. Qu'ils se branchent: nous voulez-vous, oui ou non? Je trouve que l'indépendance est une question de justice. On a le droit de s'administrer.

L'indépendance

Qu'on se donne son propre pays serait l'idéal. Mais ça risque d'être difficile en chrisse. D'abord, je dis que cinquante et un pour cent du vote, ce n'est pas assez. S'il y a quarante-neuf pour cent des gens qui ne veulent pas de l'indépendance, et que la situation devient difficile, ils vont ruer dans les brancards et ça va finir par une guerre civile. Le principe de la majorité, c'est bien beau, mais dans la pratique, chrisse, je pense que ça va être difficile de faire l'indépendance du Québec, car ça va amener beaucoup de problèmes. Ce qu'il faut, c'est faire comme Bouchard propose: une association, deux pays associés, une souveraineté-association. On est souverain avec nos lois tout en étant associés économiquement avec les autres. C'est la meilleure solution. Comme ça, on casse pas toute la baraque et tout le monde serait satisfait des deux côtés. Je pense que ça va finir comme cela. Au Canada anglais, il y en a un qui va finir par se lever, comme dans toutes les situations difficiles à un moment donné. Il y en a un qui va se lever et parler...

La France

C'est un bien beau pays, la France. J'ai eu l'occasion de m'y promener beaucoup. J'ai fait toutes les côtes de France, la Manche, l'Atlantique, la côte d'Azur, les Pyrénées. À l'intérieur, je suis allé à peu près dans toutes les grandes villes faire des spectacles. C'est un beau pays car c'est un pays qui est très diversifié. Le Nord et le Sud sont très différents. Je trouve que les Français sont un peuple civilisé. Il faut apprendre à les connaître. Ici, ils n'ont pas toujours une bonne réputation parce qu'on a connu des frappés, mais ils ne sont pas tous comme cela. Certains sont un peu gueulards. À Paris, ils sont un peu nerveux. Je les comprends, c'est dur, vivre à Paris, ça donne beaucoup de stress. C'est une vie difficile. Mais dans l'ensemble, les Français sont des gens accueillants et généreux. C'est un peuple qui mange bien. Avec eux, on a droit au potage, à la viande, aux légumes, au fromage et à la salade, à tous les repas. Cela fait partie des traditions. Ils ont une alimentation bien équilibrée. J'espère que ça ne va pas changer avec l'invasion américaine et leur *way of life*: les hot-dogs, les hamburgers et le reste. Dans la France profonde, ils vont garder leurs traditions et rester un peuple sain. Le problème, c'est l'injustice sociale. Ce n'est pas la faute du peuple français, cela. C'est toujours la même maudite affaire! Trois cents ans après, ce n'est plus le roi Louis XIV mais ça revient au même. Ce sont d'autres multimillionnaires, c'est encore un petit groupe qui mène tout. En 1930, quand le Front populaire a fait la révolution pour passer les lois, comme la semaine de quarante heures, les vacances, etc., ç'a fait avancer l'équité sociale mais il reste beaucoup de chemin à faire. Paraît-il que la France serait contrôlée par deux cents familles. Des familles extrêmement riches, pendant que le peuple reste le peuple. Il va y avoir une autre révolution en France, deux cents ans après la première. Ça prend du temps à se déclencher, mais à un moment donné ça éclate, quand ça n'a plus d'allure.

Aux États-Unis aussi, il va y avoir des problèmes bientôt. Il y a bien trop d'injustices sociales, ça ne peut plus continuer longtemps comme cela. Beaucoup trop d'Américains vivent mal, ça n'a pas de sens...

Le racisme

Je dis que les peuples ne sont pas faits pour être mélangés, surtout quand ils n'ont pas d'affinités communes. Si tu fais venir ici des Roumains ou des Hongrois, par exemple, il y a des affinités, car ce sont des gens comme nous. Mais avec les Arabes ou les Sri-Lankais, c'est difficile, car nous n'avons pas grand-chose en commun au départ. Les gens acceptent mal ceux qui ne leur ressemblent pas, que veux-tu? C'est comme cela. Tous les peuples sont racistes et ceux qui débarquent ici sont aussi racistes que nous-mêmes. Et ensuite, ils épousent la cause des Anglais contre nous. Ces pauvres gens sont pris en sandwich, ils ne comprennent pas, c'est cela que j'avais dit devant le comité, il ne faut pas laisser voter les immigrés à moins qu'ils ne soient ici depuis au moins cinq ans, et qu'ils connaissent un peu la situation politique. On a laissé voter des gens qui étaient ici depuis six mois, chrisse! C'est une injustice qu'ils nous ont faite, un coup de cochon. Ces gens-là votent sans savoir pourquoi, ils ne comprennent pas.

J'ai lu un article dans *L'actualité*, disant que le melting-pot, c'est de la foutaise, que ce n'est pas vrai, que chez les Américains, les peuples ne se sont jamais mélangés, chaque communauté vivant en vase clos. Le système économique, c'est la seule chose qu'ils ont en commun. Ça va faire des problèmes avant longtemps. En France, il y a quatre millions d'Arabes et ça va mal finir. Il va y avoir des troubles, d'autant plus que cette situation favorise la montée de l'extrême droite...

Le travail

Le travail, c'est la santé. Les gens ont la ferme conviction que le travail les valorise, mais cela a été déformé... Les gens s'attachent à un travail, ils se font exploiter et servent à enrichir d'autres gens. Ce genre de travail-là, c'est une forme d'esclavage. Les gens n'ont pas l'air de s'en rendre compte. S'il y avait une meilleure répartition des ressources, une meilleure justice sociale, les gens ne seraient pas obligés de travailler comme cela pour payer leur loyer et s'acheter à manger. Plusieurs sont convaincus que ça fonctionne ainsi mais ce n'est pas normal. Bien sûr que dans une société, il faut qu'il y ait des gens qui travaillent, qu'il faut produire. Toutes sortes de choses sont nécessaires, mais l'obligation de gagner sa vie, cela a été déformé. Certains se sont servis de cela pour fourrer le monde. C'est cela, le capitalisme. Il y a un «smatte» qui a un milliard de coupons et qui fait travailler les autres. Tout ça va évoluer, ça va changer, tranquillement...

L'engagement

J'ai toujours dit que l'on n'avait pas le droit d'être indifférent à ce qui se passe dans le monde. C'est sûr que l'on ne peut pas faire grand-chose, mais le petit peu que l'on peut faire, c'est toujours cela de pris. Si chacun en faisait un petit peu, ce serait déjà bien. Ce qui n'est pas correct, c'est de rester indifférent.

J'essaie de faire ce que je peux, d'envoyer un peu d'argent, ce n'est pas la fin du monde, envoyer vingt-cinq dollars. Il y a des mouvements dans lesquels j'ai confiance: Développement et Paix, Les Petits Frères des pauvres, Amnistie internationale, l'Action chrétienne pour l'abolition de la torture...

La chanson

On dit toujours que la chanson est un art mineur. Ce n'est pas vrai, il n'est pas plus mineur que les autres! Pourquoi un art mineur? Ciboire, s'il y a un art qui fonctionne, c'est bien la chanson. La chanson, c'est le premier diffuseur au monde, bien avant le cinéma... Pourtant, on sait que le cinéma marche fort. C'est la meilleure communication entre les peuples. Les Français connaissent plusieurs chanteurs d'ici mais à peu près pas nos dramaturges ni nos politiciens. Ça veut tout dire... De même ici, nous connaissons bien les artistes français sans pour cela connaître toute la balance du pouvoir. La chanson, c'est important, parce que c'est un moyen de communication facile. Même les Américains sont en train d'envahir le monde avec la chanson. La chanson américaine se rend partout, en Asie, en Russie, en Égypte. Même si les gens ne comprennent pas les mots, ils décodent les rythmes...

À cause de ma surdité, je ne peux entendre ce qui se chante aujourd'hui. Dans mon temps, la chanson, c'était niaiseux: «Je t'emmènerai à Mexico», toutes sortes de niaiseries. Puis sont arrivés Félix, Brassens et Brel, avec de belles chansons...

Il semble que Piché et Séguin font de bons textes. Il y a aussi beaucoup de groupes engagés qui font des textes contre la société, je lis cela dans les journaux. La chanson demeure la diffusion la plus populaire à travers le monde...

La conscience universelle

Dans ma chanson du même titre, je dis: «Ne soyez pas indifférents à la misère du monde, ne soyez pas indifférents, une catastrophe gronde...» La conscience universelle, c'est justement choisir de ne pas être indifférent. Il faut au moins connaître les injustices et les crimes qui se passent aux quatre coins de la planète. Il me semble qu'on n'a pas le droit de fermer les yeux et de ne penser qu'à soi... On ne peut pas faire grand-chose, mais lorsqu'on est conscientisé, il y a toujours une occasion à un moment donné...

La politique

Malheureusement, la politique n'attire pas toujours les meilleurs. Ça attire souvent les maniganceux et les ambitieux. Pas tout le temps, heureusement qu'il y a des exceptions, mais en général les gens ne font plus confiance aux politiciens. C'est universel d'ailleurs comme sentiment: en France, aux États-Unis, partout. Depuis l'assassinat de Kennedy et la guerre du Viêt-nam, les Américains ont perdu la foi en leur gouvernement. Avant, les

Américains croyaient que tous les dirigeants à Washington étaient des gens honnêtes, qui croyaient à la Constitution et à la morale...

La politique, il en faut, mais ce n'est pas tout le monde qui a le don de manigancer, de tirer les ficelles, de se placer les pieds. Tout le monde n'est pas intéressé. D'ailleurs, bien des hommes valables ne vont pas en politique à cause de cela. Ils ne veulent pas commencer à se chicaner et à se battre pour le pouvoir. Ils aimeraient apporter quelque chose mais sans avoir à s'impliquer dans tous les petits conflits de personnalités. C'est dommage car ce sont souvent les meilleurs hommes. Dans les pays communistes, ils sont pris avec les mêmes pendant longtemps. Ici, au moins, on peut changer. Ça ne change pas le système mais ça change le mal de place. Quelquefois, on tombe sur un bon: on a eu Parizeau, maintenant c'est au tour de Bouchard. Il s'agit quand même d'hommes valables...

L'authenticité

L'authenticité, c'est la franchise. Les gens authentiques sont des gens francs et qui se montrent tels qu'ils sont. Ce sont des créateurs qui expriment vraiment leurs idées. Ce n'est pas ceux qui cherchent à avoir l'air authentiques, qui suivent le vent selon le goût du jour... Je me rappelle qu'en France, chez les éditeurs, chaque maison d'édition avait son compositeur attitré qui regardait un peu ce qui semblait plaire au public et qui écrivait des chansons dans ce sens-là. Mais ça ne marchait pratiquement jamais. Pourtant, il faisait vraiment dans le même style. La chanson, c'est un mystère, on n'a jamais su pourquoi une plaît plus qu'une autre. Pourquoi de belles chansons faites bien «spic and span» pour que ça réussisse ne marchent pas. Puis il arrive un niaiseux avec sa guitare et ça réussit... Il n'y a pas de lois ou de secrets en chanson. S'il y en avait, il y a longtemps que des smattes les auraient découverts. Les livres, c'est pareil. Il n'y a pas vraiment de règles. La seule règle pour un livre, c'est qu'il y ait des mots...

L'espoir

Cela me fait rire quand on m'arrive avec cela: L'ESPOIR... Pauline Julien me parlait de l'espoir, qu'il faut de l'espoir. Tout le monde parle d'espoir, chrisse! Comme si c'était quelque chose qui allait arriver à un moment donné. Comme si allait descendre du ciel un grand archange bleu qui va nous dire: «Je suis l'Espoir...»

L'espoir, c'est ce que l'on fait. Si les hommes posent des gestes humains positifs, il y a de l'espoir. Mais s'ils posent des gestes négatifs, il ne peut y avoir d'espoir. L'espoir, c'est le résultat des actions positives que l'on pose. Ça ne vient pas tout seul. Ça ne peut venir que des hommes. Les gens mettent leur espoir en Notre Seigneur Jésus-Christ qui va descendre du ciel pour rendre la justice. Chrisse! Ils vont attendre longtemps. Plutôt que de faire des prières et d'attendre les anges, ils feraient mieux de s'impliquer pour aider la société à devenir plus juste. D'ailleurs, c'est écrit dans la Bible. Le Christ a dit: «Cherchez le royaume de Dieu et sa justice, le reste vous sera donné en surplus...» C'est cela qui est écrit.

La paix

La paix viendra de la justice. C'est utopique, la paix. Ça va finir par se faire. C'est la nécessité qui va l'amener dans le monde. Les peuples vont finir par se lasser. À un moment donné, ils ne pourront plus guerroyer, il va y avoir des problèmes beaucoup plus graves, comme celui de la faim. Déjà, les grandes guerres sont éloignées. Enfin, pour l'instant. Espérons... Pour le moment, ce sont des guerres intérieures, raciales...

La mort

Je ne crois pas au «après la mort». Personne n'en sait rien. C'est la nuit totale. Le problème, ce n'est pas la mort, c'est ce que l'on fait de la vie. C'est cela qui est grave. La mort, c'est normal. Tout le monde ne peut pas vivre tout le temps mais, à cause de l'injustice et de la souffrance humaine, il fallait bien inventer quelque chose pour donner un sens à tout cela. Alors, on dit: «Dans une autre vie...» Mais le Christ, lui, ce n'est pas cela qu'il a dit. Il a parlé de la fin des temps. Il n'a pas dit qu'en mourant on allait direct au paradis! Les gens s'attendent à se retrouver en famille et que tout continue. On continue le party! C'est pas ça...

Qu'on se rappelle du Pharisien qui a demandé au Christ: «Un homme a eu sept épouses. En arrivant au paradis, laquelle de ces femmes sera alors sa véritable épouse?» Le Christ lui a répondu: «Au paradis, il n'y aura pas d'époux ou d'épouse. Vous serez tous comme des enfants de Dieu...»

Quand quelqu'un perd un être cher, il dit: «On va le revoir.» Je leur souhaite bonne chance. Ce n'est pas la mort, le problème, c'est le besoin de justice. Alors, comme on n'en trouve pas ici-bas, on cherche ailleurs...

On peut pas tout dire

Un jour que j'étais à La Butte, j'ai rencontré une sorte de clocharde et je l'ai invitée à prendre un verre. J'ai commencé à parler avec elle, et elle m'a raconté sa vie. Elle avait l'air d'une fille pas très vieille, peut-être avait-elle trente-cinq ans, mais elle était passablement maganée... D'après ce qu'elle racontait, elle avait déjà fait du cinéma. Elle m'a parlé de Marc Allégret, le premier mari de Simone Signoret, qui l'avait fait jouer au cinéma. Son affaire s'était un peu gâchée parce qu'elle buvait. Cependant, elle m'a dit une phrase que je n'ai jamais oubliée par la suite, une phrase qui est drôlement vraie pour tout le monde. En me mettant la main sur l'épaule et me regardant droit dans les yeux, elle a dit: «Tu sais, dans la vie, on peut pas tout dire...» C'est vrai, ça, qu'on peut pas tout dire... Tchekhov l'a d'ailleurs écrit à peu près dans les mêmes termes: «La vérité d'un homme, c'est ce qu'il cache...» C'est drôlement vrai. On peut pas tout dire...

Témoignages

Raymond Lévesque à 19 ans.

Le Québec sera libre quand nous serons tous en colère comme Raymond Lévesque, mais cela demande beaucoup d'amour...

Faut pas attendre que nous soyons morts, mon frère...

Félix Leclerc
Juillet 1976

Mon cher Raymond,

Je suis heureux que l'on te rende enfin, ici, l'hommage que tu mérites depuis longtemps. Je n'ai pas oublié la merveilleuse aventure de notre tournée de 1967. Elle reste la plus vivante et la plus drôle de toutes. Notre ami Claude Dubois s'en souvient toujours avec le même plaisir.

Depuis, toutes les fois que nos routes se sont croisées, c'était au service de quelque cause humanitaire ou politique. Chaque fois, Bozo-les-culottes était là pour nous dire que... «nous serons morts, mon frère, quand les hommes vivront d'amour». Mais pour le moment, nous sommes bien vivants et tu continues de nous le rappeler avec la même ferveur qu'hier. Le pays qui s'en vient aura grand besoin de tout cela.

Ton ami,
Gilles Vigneault

Le rêve le plus fou…

Mais aussi le rêve le plus beau, c'est celui que Raymond Lévesque a rêvé un jour – mais peut-être était-ce une nuit – et qu'il nous a fait partager dans l'une des plus belles chansons écrites en langue française: «Quand les hommes vivront d'amour»!

Toutes les rengaines de tous les palmarès, de tous les hit-parades et de tous les Top 50 auront été oubliées, mais l'on chantera encore cette chanson-là, car elle renvoie au message universel de toutes les spiritualités, de celle notamment de Celui qui s'appelait Jésus et qui répétait: «Aimez-vous les uns les autres!»

L'art de Raymond Lévesque n'aura pas été flamboyant, en apparence; c'est en lui que tout flamboie; c'est dans ses mots justes et simples et dans la musique en harmonie avec ces mots-là que se situe le flamboiement de Raymond Lévesque. Je songe aux chansons que nous chantions, autrefois, autour des feux de camp:

Flammes claires et brûlantes
Dans nos foyers crépitant
Symbole des joies ardentes
De nos cœurs adolescents...

Les chansons de Raymond Lévesque auront eu cette vertu fort rare: celle de faire flamboyer les cœurs.

Georges Dor
Longueuil, 8 février 1996

Un peu d'espoir aux gens

Si l'on pouvait donner un peu d'espoir aux gens
Si l'on pouvait donner un peu d'espoir aux jeunes
Comme du blé entier à l'heure où l'on déjeune
Comme de l'amitié à l'heure où c'est urgent.

Si l'on pouvait donner un peu d'espoir aux gens
Si l'on pouvait donner un peu d'espoir aux femmes
Un peu plus de tendresse, un peu plus de notre âme
Un peu moins de tabous, de propos arrogants.

Si l'on pouvait donner un peu d'espoir aux gens
Bien plus que le pouvoir que promettent les hommes
En édifiant leurs tours de Manhattan à Rome
En nous parlant d'amour, en comptant leur argent.

Si l'on pouvait donner un peu d'espoir aux gens
Leur dire que demain quand viendra l'an 2000

Nous serons des milliards dans les champs dans les villes
À travailler ensemble au bonheur exigeant

Si l'on pouvait donner un peu d'espoir aux gens
Une chanson d'amour qui leur serait utile
Alors mon vieux Raymond, tu vieillirais tranquille
Toi qui as su donner un peu d'espoir aux gens.

Claude Gauthier

Mon cher Raymond

Si tu n'avais écrit que «Quand les hommes vivront d'amour», déjà tu aurais contribué à laisser non seulement à tes compatriotes, mais à l'univers, un inestimable trésor de paix et d'espoir. Heureusement que tes «écrits», tes poèmes, tes autres chansons, les pièces de théâtre et différentes revues que tu as mises en scène resteront présents pour témoigner d'une œuvre riche et prolifique.

Nous savons tous que tu es un grand patriote. Tu l'as prouvé et continues à te battre, souvent devant des murs de béton, hélas!

Tu n'as pas fini de nous surprendre et tu dois certainement nous mijoter encore d'étonnantes surprises.

Sois assuré de ma tendresse et de mon amitié, et même si tu ne m'entends, je te crie que je t'admire et je te suis reconnaissant d'être un si bel artiste.

Pierre Calvé
3 avril 1996

Le Pierrot-chantant

Penser à lui, c'est aussitôt penser à une jolie phrase du poète des neiges d'antan: «Les chansons passent, les chanteurs passent mais la chanson dure.»

Salut Raymond Lévesque!

Grand par en dehors, grand par en dedans, avec son air rieur d'enfant triste, après Brassens le fauve-chantant, après Félix l'arbre-chantant, après Trenet le fou-chantant, voici le Pierrot-chantant.

Comme nous tous, les âmes sensibles, les oiseaux blessés, les cœurs en mal de grand amour, ce gaillard bateleur, cet as du tour de force s'est battu et débattu comme un ange dans l'eau pas bénite pantoute et a hautement gagné ses épaulettes.

Bravo et chapeau pour tant d'intégrité.

Parti du *Fond du chaos*, un de ses beaux livres plein d'humour et de tendresse; né dans un pays mal greyé pour accoucher des prophètes, issu directement d'un monde naïf, policé et pétrifié par la peur et l'ignorance dans un paysage où la bêtise et l'absurde ont été érigés en système par tous nos exploiteurs, ce Pierrot-combattant pour la cause du monde ordinaire a su, avec une foi et une fidélité increvables, apporter aux heures de notre quotidien tout le réconfort et le baume dont elles avaient besoin.

Sa lucidité angoissante, sa présence constante sur la ligne de front de tous nos combats, la poésie habitée de ses chansons, le message poignant de «l'étranger» qui gueule dans le désert de son propre pays si incertain, tout chez ce Bozo célèbre invite à cette réflexion: en dehors des institutions culturelles, des critiques «haut de gamme» ou des fines gueules intellectuelles, faut-il qu'un chansonnier-poète d'envergure peu commune plaide coupable d'avoir travaillé comme porte-parole, porte-voix, porte-bonheur avec des outils aussi simples que des mots bien simples sur des réalités toutes simples comme l'espoir, l'étoile au bout des yeux, la petite lueur nécessaire, la tendresse, l'amour?...

La chanson, c'est la poésie ramassée au creux de la main, elle est à boire comme de l'eau de source. La chanson, c'est la poésie en forme de cri, de coup de poing, elle est à écouter avec l'oreille du cœur pour aider la vie à «ne pas être absente», comme l'a dit Rimbaud. La chanson d'un Pierrot-chantant aura donné la main à tous les gens d'ici pour traverser leur nuit et ses maudites violences; pour qu'ils se retrouvent enfin debout au lever de leur jour, mieux préparés à vivre sous la loi des mesures d'amour. Cela fait déjà beaucoup de poids contre la misère.

Salut Raymond Lévesque!

Jean-Paul Filion
(ami de longue souche et du temps des écrits de la taverne Royale, rue Guy à Montréal)

L'âme d'un poète

Quand j'ai connu Raymond, il était jeune. Aujourd'hui, il l'est demeuré. Oh! il porte bien sûr une grande barbe blanche et ses cheveux ont grisonné, mais ce n'est pas dans ces apparences de vieillissement que se perd la jeunesse. Celle dont je parle est à l'intérieur de l'âme, conservée dans les fibres les plus sensibles de l'être humain. L'âme d'un poète ne vieillit pas malgré tous les coups que la vie lui a portés. Elle demeure vivante, aux aguets de la beauté.

Et, chez Raymond, ce qui la caractérise, c'est le sens de la fidélité qu'elle conserve.

Voilà ce que je sais, entre autres choses, de Raymond. Toute sa vie, il a été fidèle à son idéal et à sa pensée.

Son pays n'a toujours été que le Québec, qu'il a sans cesse défendu pour qu'il devienne indépendant un jour. Et cela, il l'a dit de multiples manières, il l'a écrit dans des volumes, dans les journaux, il l'a clamé sur des scènes de boîtes à chansons sous forme de monologues, en recourant parfois au cynisme ou en provoquant le rire.

S'il a toujours cru à un Québec libre, il a rêvé aussi au jour où dans le monde «les hommes vivront d'amour». Idéal et rêve écorchés par les réalités quotidiennes d'une planète qui semble courir vers son propre éclatement.

Raymond Lévesque demeure quand même ce poète qui a cru un jour que la vie pouvait être belle et bonne. Qui a cru profondément aux possibilités sans limites de l'amour.

Enfin, je le revois comme autrefois jouer les personnages de Moineau et de Médée, deux rôles que j'avais écrits pour lui. Il était si émouvant, si attachant, si attendrissant que j'ai vu des gens pleurer au théâtre et devant le petit écran.

Il n'avait jamais joué la comédie, mais il se dégageait de lui une telle tendresse, une telle émotivité que l'on aurait juré qu'il était avant tout un grand comédien. Mais non, Raymond Lévesque est un poète et son âme est sa sœur la plus fidèle.

Marcel Dubé
Montréal, 22 mars 1996

Un troubadour d'un autre siècle...

Un jour, il n'y a pas si longtemps, au micro de Radio-Canada, on me demanda à brûle-pourpoint: «Si vous aviez à couronner les trois plus grandes chansons du répertoire contemporain...?»

Spontanément, je répondis: «En premier lieu, je choisirais "Quand les hommes vivront d'amour"...»

Véritable petit chef-d'œuvre, cette chanson n'illustre pas seulement le chansonnier Raymond Lévesque mais demeure à jamais l'un des titres d'or de la discographie francophone. Sans contredit, c'est la chanson d'ici et d'ailleurs qui a le plus souvent connu la consécration de l'enregistrement sonore. Raymond Lévesque n'aurait produit que celle-là que déjà une place d'honneur lui aurait été réservée dans le glorieux parchemin de la chanson d'hier et d'aujourd'hui.

Historiquement, ce poète de la rime et ce mélodiste de si admirable talent fait intégralement partie de la grande offensive de la chanson dite québécoise des années 1950, chanson née de la belle époque du Faisan doré. C'est là que se dressa le premier pont culturel reliant le Québec à la France. C'est là que ceux de Paris – les Prud'homme, Rafa, Roche et Aznavour –, en lançant des chansons comme «Les nuits de Montréal», «En revenant d'Québec», «Les filles de Trois-Rivières»... ont appris aux nôtres à construire des chansons à leur ressemblance et à délaisser un répertoire par trop français. Raymond Lévesque et quelques-uns de ses semblables nous firent ainsi connaître et chanter «À Rosemont sous la pluie», «Mon Saint-Laurent si grand», «Sur l'perron», «Parc Lafontaine», «Bassin Louise», «La croix du Mont-Royal», «L'île Sainte-Hélène», «À Québec au clair de lune»...

En 1955, quand je débarquai à Paris pour un long séjour d'études, j'éprouvai un louable sentiment de fierté qui excluait tout excès de chauvinisme, en admirant sur les affiches du métro et des grands boulevards le nom de certains de mes compatriotes: Aglaé, Félix Leclerc, Guylaine Guy, Raoul Jobin, Raymond Lévesque... Concernant ce dernier, ce même sentiment m'effleure toujours quand je retrouve son nom dans les ouvrages de référence sur la chanson, notamment dans *Le Petit Larousse*. Oui, Raymond Lévesque porté au dictionnaire de son vivant.

Mais c'est à Montréal que j'ai connu l'ami Raymond. Son large sourire m'a toujours ému. Sans doute parce que j'ai toujours imaginé que je croisais alors un troubadour d'un autre siècle, un peu mal à l'aise dans notre ère moderne. Ainsi, en le revoyant ou en pensant à lui, je me réfère toujours à la grande Colette qui disait: «Quand un être a du talent, c'est merveilleux. Quand en plus il est bon et modeste, ça devient alors extraordinaire!»

Cher Raymond, merci d'être pour nous tous un si grand Lévesque.

Philippe Laframboise

Le cap sur l'espoir

L'admiration est. Elle n'a pas besoin de scènes quotidiennes pour se dire, mais elle peut profiter de moments comme celui-ci pour faire entendre sa voix intérieure. Et de pouvoir ici l'écrire fait surgir une émotion qui ne gâche rien à la joie qui l'accompagne et dont je tire bonheur.

Raymond Lévesque et moi, nous nous sommes peu fréquentés. Je veux dire que j'ai connu l'homme sur le tard. Certes, je connaissais le chansonnier, le dramaturge, le monologuiste, le comédien, l'artiste engagé. Malheureusement, lors de ma toute première rencontre avec lui, il était déjà atteint de surdité. Ce qui explique que, entre nous, tout passe par le regard. Mes yeux parlent aux siens comme des signes intenses d'admiration. Je le confesse comme un enfant. Je suis un inconditionnel et de l'homme et de l'artiste.

Je connais particulièrement bien son œuvre chansonnière dont les refrains, je crois, sont aussi importants pour notre patrimoine culturel que ceux de Félix Leclerc ou de Gilles Vigneault. Comme dans ses chansons, son théâtre ou ses monologues, ce qu'il partage le plus profondément, c'est sa profonde humanité. C'est aussi, pour qui sait lire ses œuvres, sa compréhension lucide de cette humanité souffrante à travers le monde; cette humanité qui est aussi la nôtre. Il y a beaucoup à apprendre de ce qu'il pense, dit et écrit. Du plus loin qu'il m'en souvienne, j'ai toujours eu un profond respect pour l'être pur qu'il est et, je le constate encore, qu'il est resté. Oui, pour moi, Raymond Lévesque est un pur. La constance de ses idéaux ne s'est jamais démentie. Il n'y a que la vérité qui peut être plus vraie que lui. Et encore.

Tantôt ses colères sont des éclats de solidarité, tantôt il y a dans ses yeux des éclats d'humilité lumineuse. L'homme est saisi de souffrance comme d'autres sont saisis de peur. Faute de la soulager par un remède, il la décrit, la nomme et l'interpelle. Il en remonte les causes. La souffrance doit être dite comme une vérité.

Raymond Lévesque est un sage à qui Dieu n'a pas donné la vanité, mais à qui il a laissé toute la dignité du militant que le Divin lui-même – à voir tout le mal qui existe sur cette terre – a cessé d'être. L'auteur de «Quand les hommes vivront d'amour» n'a d'yeux que pour la justice, condition première, pour lui, de la fraternité humaine. Humble et efficace comme ses solidaires refrains! Toujours.

Oui, le regard que je porte sur Raymond Lévesque, je le lui ai déjà écrit, est une parole sincère de reconnaissance. Je fus, à ma façon, un Bozo-les-culottes que la colère habita longtemps mais qui comprit aussi que «les hommes [peuvent vivre] d'amour» s'ils le décident. Raymond Lévesque est de ceux qui en ont fait la preuve. Il est de ceux qu'on choisit comme phare pour garder le cap sur l'espoir.

Bruno Roy

Salut Raymond

Quand Brel descendait à Montréal, il demandait toujours à Clairette: «Trouve-moi Raymond.» Et elle le trouvait. Clairette aurait dû m'inviter. Je me serais déguisé en fantôme, en courant d'air. Je n'aurais rien dit. J'aurais écouté. Je serais rentré chez moi à 5 heures du matin, brûlé d'amour, d'engueulades et de tendresse.

Pierre Létourneau
19 mai 1996

À Raymond Lévesque

Quand les hommes sauront,
Comme lui,
Garder leur cœur d'enfant,
Quand les hommes sauront,
Comme lui,
Défendre leur droit à l'égalité, la justice,
Quand les hommes sauront,

Comme lui,
Dénoncer la ruse, l'abus de la richesse, du pouvoir,
Alors, nous, nous pourrons,
Comme lui,
Inonder la terre des célestes parfums des
fleurs sauvages.

Emmanuelle

Mon expérience de travail avec Raymond Lévesque

Un jour, Raymond Lévesque demande à un réalisateur de Radio-Canada s'il connaissait quelqu'un avec des idées nationalistes, qui n'avait pas peur d'afficher publiquement ses opinions politiques, et le réalisateur répond spontanément: «Oui! Denise Guénette.»

Alors Raymond m'a appelée pour m'offrir de jouer avec lui. J'étais très impressionnée, car j'avais vu toutes les revues de Raymond à La Butte à Mathieu et je lui vouais une grande admiration.

Il est venu me rencontrer, m'a montré ce que j'aurais à apprendre et sans plus de préambule, il m'a engagée. Pour moi, c'était une chance inouïe de jouer avec un artiste de son envergure, car je me considérais encore comme une débutante même si je venais de remporter un premier prix au Festival de Granby.

Pour sa revue *Tharèse*, nous étions trois comédiens: Raymond, Réjean Roy et moi, ainsi qu'un musicien, Guy Jacquetin. Nous avons joué à Québec, à La Boîte, à Montréal, au Patriote... un peu partout pour aboutir au Théâtre de l'île d'Orléans à l'été 1974.

J'ai eu beaucoup de plaisir et de satisfaction à travailler avec Raymond. D'abord c'est un homme extrêmement rangé, organisé... et ponctuel... Si on était convoqué pour deux heures, il était préférable d'arriver un peu à l'avance car c'est à deux heures moins cinq qu'on commençait à répéter.

Il nous donnait le texte, nous l'expliquait un peu, et «vogue la galère»... on jouait. Moi, j'étais très énervée, car c'était la première fois qu'on m'engageait comme comédienne, et Raymond étant très avare de conseils artistiques, il me fallait deviner comment il voulait que je joue. C'était toute une expérience!

Raymond savait où il allait, lui, et il fallait suivre... Malgré sa rigueur au travail, il était très souple: je me souviens d'une fois où j'avais de la difficulté à rendre un texte (un peu sexiste) à cause des idées qu'il véhiculait... je lui ai exprimé ma réticence et, le lendemain matin, il me donnait un autre texte (écrit dans la nuit) qui me convenait davantage.

Sur scène, on n'avait pas le droit à l'erreur. Il était sévère, mais lui, s'il se trompait... mine de rien il rajoutait une réplique (il était l'auteur)... et si le public marchait, on la gardait!

Par contre, en dehors de la scène, là on ne le manquait pas! On se moquait continuellement de lui, gentiment, car on l'aimait beaucoup. J'allais plus loin que les autres dans mes taquineries, mais il le prenait bien. Il disait que jamais je ne lui ferais de mal... et il avait raison.

Ce qu'on a ri ensemble! Raymond a beaucoup d'humour et, moi, un bon sens de la repartie; alors quand on était ensemble, les jeux de mots se bousculaient et tout le monde en prenait pour son rhume... On s'amusait!

J'ai joué dans trois revues de Raymond Lévesque, avec lui, et, en l'espace de deux ans, il n'y a jamais eu l'ombre d'un conflit entre nous. C'est fantastique!

Quand je suis partie, c'était tout simplement pour créer ma propre revue.

Jouer avec Raymond Lévesque a été pour moi une expérience extrêmement enrichissante, très amusante, grandement valorisante et vraiment inoubliable.

Faut pas avoir peur de le dire: on a eu du fun! Raymond est tellement généreux, qu'à le côtoyer on a l'impression de devenir meilleur. Incroyable, non!

Denise Guénette

Ce grand bonhomme dans toute sa simplicité...

Nous nous sommes rencontrés pour la première fois en 1966, je crois. C'était au Patriote de la rue Sainte-Catherine, à Montréal. Je ne me souviens pas si je faisais la première partie mais ce soir-là je chantais et il était là, ce grand bonhomme, dans toute sa simplicité.

J'arrivais dans la grande ville avec mes premières chansons et j'étais bien fier de pouvoir parler à ce pionnier, ce troubadour québécois qu'on entendait et qu'on voyait partout dans les salles et au petit écran.

Je lui montrai ma joie en lui disant combien j'étais chanceux de pouvoir serrer la main à quelqu'un qui me touchait beaucoup. Je sentais qu'il aurait préféré ne pas entendre ça et que jamais la Gaspésie ne me laisse partir. Il me dit que c'étaient certaines gens du monde du spectacle qui étaient chanceux de m'avoir et que je devrais faire attention parce qu'ils pourraient vraiment m'avoir.

Depuis ce temps, on est restés en contact. Je me souviens que chaque fois où je chantais à un endroit où Raymond pouvait passer, je le faisais venir. De nos dernières rencontres, je me souviens encore de celle du 27 novembre 1992. Quelques jours avant, il avait remporté le concours de la chanson du siècle avec cette œuvre omniprésente dans plusieurs pays de notre monde, je veux parler de «Quand les hommes vivront d'amour». Donc, ce vendredi-là, on lui rendait hommage à Québec. Après ces éloges qui font plaisir à l'artiste, c'est moi qui l'ai raccompagné à Montréal.

On a échangé quelques vieux radotages puis il m'a lancé en souriant: «Je suis peut-être sourd, mais je peux conduire si tu veux.» J'ai arrêté la voiture, il a pris ma place et j'ai repris le crayon pour lui dire...

— Raymond, tu n'es pas sourd. Il y a tous ces autres qui ne t'entendent pas, et attention de te faire avoir.

Jean-Pierre Bérubé
Saint-Luc

Cher Raymond

Les physiciens nous disent que, pour qu'on puisse les entendre, les mots ont besoin d'air pour voyager d'une bouche à une oreille.

Mais ceux qui choisissent d'écouter, plutôt que de se contenter d'entendre, savent bien que les mots voyagent entre les cœurs, directement, et que le reste n'est que paroles en l'air...

Merci d'avance pour tout ce qu'il vous reste à nous dire, nous l'écouterons.

Pierre Légaré

Hommage à Raymond Lévesque

S'il existe un poète, celui que je qualifie sans hésitation de plus vrai et de plus honnête que je connaisse avec mes soixante et onze ans, c'est bien mon ami Raymond Lévesque. Non seulement il est le plus vrai et le plus honnête, mais il fut hélas trop longtemps ignoré et cent fois trop hélas aussi ridiculisé par des intellectuels qui ne lui allaient même pas aux genoux. Si la statue de Félix Leclerc trône aux abords de la rue Rachel, dans le parc La Fontaine, et si le souvenir du journaliste Aurèle Francœur gît tout à côté de l'école Le Plateau, la statue de Raymond mérite de trôner au beau milieu des plus belles fleurs du Jardin botanique! J'estime énormément Raymond Lévesque et je ne puis ni le lire, ni causer avec lui, ni penser à lui sans qu'un profond sentiment de reconnaissance m'envahisse.

C'est un secret de Polichinelle que Raymond Lévesque vit dans une surdité totale. Il dit parfois: «J'entends de la musique tout le temps!» À certains moments, sa surdité lui pèse lourdement. Pourtant il ne cesse de produire, de créer, d'écrire et de réciter à plusieurs occasions ses poèmes devant des auditoires qui demeurent bouche bée et le cœur étouffé par de silencieux sanglots. Que de fois ai-je alors entendu de ses admirateurs chuchoter d'un banc à l'autre: «Comme c'est dommage qu'il ne puisse plus chanter!» Oui, c'est dommage! Mais qu'on me croie, est encore plus triste dans le fin fond de son cœur le souvenir de certains soirs de concert à sa boîte à chansons de la rue Saint-Denis, où les auditeurs étaient rares. S'il pouvait chanter aujourd'hui, notre grand Raymond, les salles seraient pleines. Aucun poète n'a la vie facile: ce ne fut pas facile pour lui et même au sein de sa renommée, des hommages qu'on lui rend de plus en plus, sa vie n'est pas facile. Mais sachez que mon vieil ami Raymond est un batailleur qui recommence chaque jour sa vie à neuf, en ne refusant jamais un coup de main à personne.

Un soir, au Salon du livre à l'hôtel Bonaventure, alors que nous étions attablés face à face au bistro de ce Salon, la main sur mon avant-bras, Raymond me dit tout bas: «Je t'estime beaucoup, Ben. J'admire ton courage et ta force de ne jamais lâcher!» Ce fut dit tout bas, tout bas, en augmentant la pression sur mon bras. J'en fus si ému que je fondis en larmes. En voyant cela, il ajouta: «C'est vrai mon Ben, c'est vrai!»

Je m'excuse d'arrêter ici cet hommage à mon vieil ami Raymond que j'aurais voulu rendre si éloquent, si majestueux. Oui, mon vieil ami, pour moi tu es un géant humaniste, un géant poète et un ami à qui je souhaite une longue fin de vie, dans le cadre d'une intériorité paisiblement créatrice. Avec, sous les yeux, les sourires et les applaudissements respectueux des milliers et milliers qui t'aiment.

Ben Jauvin
2 mars 1996

Raymond de A à Z

Simplement dit, ce bon Raymond est entré dans ma vie quand j'avais quinze ans. Quelque part, au début des années 1950, à Québec, sur la pointe des pieds, avec toute la discrétion qu'on lui connaît... depuis qu'il sait que la modération a bien meilleur goût. Mais ça, c'est une autre histoire.

Or donc, ce bon Raymond, c'est à pas de loup qu'il s'est insinué dans mon existence. Par le biais d'un modeste 45-tours dégotté chez Saint-Cyr, disquaire du vieux Saint-Roch, par l'un ou l'autre de mes six frères, tous aussi friands de musique et de chanson qu'Émile et Moza, mes regrettés parents.

Était-ce Pierre, Jean ou Jacques qui l'avait planqué là, dans la discothèque familiale, ce tout récent disque de la dimension d'une soucoupe à gros trou? Dans cette discothèque de pin blanc, dessinée et fabriquée de toutes pièces par mon polyvalent de père! Dans cette discothèque où survivait encore Georges Thill et son «Minuit chrétiens» sur 78-tours ultra-fragile! Dans cette discothèque où croupissait la pauvre Charlotte, invoquant sourdement la Bonne Sainte Vierge dans l'attente de notre prochain Noël!

Était-ce Claude, Marc ou Camille qui l'avait fourré là, ce Bon Raymond? Je ne m'en souviens plus. C'est sans importance. L'important, c'est qu'il était là. Dans sa case. Dans la douzième exactement. Entre A et Z. Entre Leclair, Jean-Marie et Liszt, Franz. En somme, ce bon Raymond, je l'avais découvert coincé, comme il le fut parfois plus tard dans son métier de fou. En sandwich. Entre deux classiques. De là à considérer aujourd'hui l'événement comme prémonitoire, il n'y a qu'un pas que je franchis allégrement puisque aujourd'hui, me faut le dire, il fait dorénavant partie de mes classiques à moi.

Remarquez que s'il avait porté un autre nom, ce grand farfelu, un nom de plume par exemple, un nom d'artiste comme c'était encore la mode, je l'aurais tout de même déniché dans l'un des vingt-six rayons que comprenait notre discothèque. Et cela, grâce à mon père qui, soit dit en passant, touchait fort joliment le piano, le violon et l'harmonica. Grâce à ce père distrait parce qu'un tantinet sourd, comme Raymond, ce qui ne l'empêchait nullement de nous élever en garçons curieux, sensibles et pourtant méthodiques. Grâce à ce bon père qui nous avait appris un tas de trucs. Y compris celui, dans nos vies présentes et futures, de classer logiquement les choses importantes. Les artefacts essentiels. Comme nos musiques, par exemple. Ainsi, je serais inévitablement tombé sur lui, un jour ou l'autre, dans cette discothèque hautement éclectique, quelque part entre A et Z.

Entre Albinoni et Larry Adler!
Entre Botrel et La Bolduc!
Entre Chopin et Chevalier!
Entre Debussy et Fats Domino!
Entre Ellington et Enesco!
Entre Fernandel et Fauré!
Entre Yvette Hampton et Friedrich Haendel!
Entre Jacques Ibert et José Iturbi!
Entre Jolivet et Janacek!
Entre Mario Lanza et le Soldat Lebrun!
Entre Montand et Monteverdi!
Entre New Orleans et Negro Spiritual, *why not*?
Entre King Oliver et Offenbach!
Entre la Piaf et Lily Pons!
Entre quatuor et quintette! Sait-on jamais!
Entre Ravel et Ti-Blanc Richard!
Entre Segovia et Vincent Scotto!
Entre Trenet et Telemann!
Entre Georges Ulmer et ukulélé
puisque ce bon Raymond en jouait fort décemment!
Entre Villa-Lobos et Albert Viau!
Entre Wagner et Kurt Weill!
Entre Xenakis et xylophone
même si ce bon Raymond n'en a jamais tapé une seule touche!

Entre Narciso Yepes et Lester Young!
Et pourquoi pas entre Zézette et Zauberflöte
puisqu'ils étaient tous là ou presque,
dans la discothèque des Brousseau,
ces mémorables oiseaux,
ces indispensables zigotos de la musique et de la chanson
d'ici, d'ailleurs et de nulle part.

Au fait, qui se souvient de Jean Narrache gravement déclamé par un Paul-Émile Corbeil à la voix de caverne? Et du premier Brassens à pochette rouge, sur laquelle la mèche amorcée d'une bombe lui pendait au bout du nez? Et du premier Félix en bûcheron sophistiqué? Qui? Moi, je m'en souviens puisqu'ils étaient tous là. Ou presque. Y compris ce bon Raymond, qui chantait «La famille» et «Les trottoirs» pendant qu'Eddy Constantine, le Lemmy Caution de ces dames, s'offrait «Quand les hommes vivront d'amour» dans un accent américano-parisien des plus authentiques. Mais ça, c'est une autre histoire.

Au fait, qui se souvient de Lucille Dumont, de Colette Bonheur, d'Aglaé ou de Lise Roy? Moi, je m'en souviens puisqu'elles étaient toutes là! Ou presque! Quelque part autour de l'alcôve de Roche et Aznavour ou de Raymond Chouinard, mieux connu sous le nom de Jacques Normand.

Quoi qu'on en pense, qu'on en sache ou qu'on en oublie, il s'en passait des choses dans notre petit monde de la chanson, début 1950. Malgré l'obscurantisme érigé en système par un clergé tyrannique qui voyait le diable partout et qui nous défendait de danser sur le territoire de ses diocèses, sous peine de péché mortel. Il s'en passait des choses, sous la férule de l'omnipotent Duplessis, amateur de calembours, qui traitait sans vergogne les artistes de joueurs de piano et de pelleteux de nuages.

Il s'en passait des choses avant que je ne surgisse moi-même, en 1955, sur l'écran noir et blanc d'une société radio-canadienne qui ne pratiquait pas encore le nivellement par le bas engendré plus tard par la compétition privatisée.

En 1960 apparaissent Les Bozos. Parés de leurs plus belles plumes. Les Bozos. En l'honneur de Félix. Ce roi heureux. Ce fou du lieu décroché de son radeau par un éclaireur des vieux pays du nom de Canetti. Afin de montrer et démontrer aux Parisiens, dépositaires officiels et exclusifs de la langue dite française, que nous savions écrire, que nous savions chanter. Avec ou sans accent sinon celui du cœur. Les Bozos. Homogènes par l'esprit. Hétérogènes par les thèmes et par le style. Les Bozos! Première couvée tributaire de ces fous chantants portant chapeau de rêves et de conquêtes larges comme leur âme. Les Bozos! Sur la rue Crescent. À Montréal. Les Bozos! Avec Claude, Jean-Pierre et ce bon Raymond de Montréal. Avec Clémence de Sherbrooke. Et moi-même Hervé, de Limoilou, P.Q. Les Bozos! Hérauts parallèles d'une révolution dite tranquille. Une révolution réclamée plus tôt par un certain Borduas qui paya cher le droit et la liberté de s'ouvrir la trappe pour dénoncer l'intolérance. Mais ça, c'est une autre histoire.

Un peu plus tard, toute bonne chose ayant une fin, ce fut la rupture des Bozos. L'inévitable dislocation d'un groupe aux confins de ses rites de passage, à supposer qu'on puisse parler de groupe, quand il s'agit d'une association de belles têtes de cochon douées, et par là suprêmement individualistes. Mais ça, c'est une autre histoire.

Toujours à quelque temps de là, puisqu'à travers moi c'est de ce bon Raymond que j'entends parler, je l'ai maintes fois retrouvé sur ma route. Sur un plateau-télé, sur une scène. À Rimouski, à Chicoutimi, à Trois-Rivières. Quand ce n'était pas dans un de ces coquets villages bordant le fleuve où fleurissaient les boîtes à chansons, vaguement calquées dans leur décor sur La Butte à Mathieu, déjà mythique.

Il nous arrivait aussi de nous croiser à Montréal, dans l'un de ces petits bars enfumés où, la bière aidant, la poésie de la rue prenait parfois des allures de cabotinage délirant. C'était l'bon temps, quoi! Le temps où les chansonniers du cru se comptaient encore sur les doigts des deux mains dans la Belle Province. Le temps où un long-jeu s'expédiait en deux jours, dans les studios RCA de la rue Guy. Ou chez Marco de la rue Sainte-Catherine, à deux pas du Forum. Et sur deux pistes, s'il vous plaît. Sans surimpressions savantes. Sans mixages laborieux et interminables. Avec un Paul De Margerie au doigté magique, et avec ses musiciens. Des musiciens qui habillaient leur partition à mesure qu'ils la décodaient. Des musiciens qui réinventaient nos musiquettes. En y ajoutant, avec un bonheur époustouflant, des accords qu'on n'aurait pu imaginer, nous, les faiseurs de chansons du temps. Des artistes, quoi: un Roland Desjardins à la contrebasse acoustique sobre et profonde. Un Marcel Lévesque à la trompette colorée. Un Yvan Landry au vibraphone aérien et au xylo coquin. Un Guy Lachapelle à la percussion mesurée. Un Nick Ayoub au saxo sexy et à la clarinette lumineuse. Un Tony Romandini à la guitare étincelante. Et jusqu'à ce petit Irlandais, du nom de Gordie Fleming, et qui se déménageait sur l'accordéon musette avec plus de souplesse qu'Amable et Yvette Horner réunis. Un orchestre, quoi! Un Franco-Manitobain au pupitre et aux claviers. Lui-même entouré de quelques *natives*, plus un Italien, plus un Syrien, plus un Irlandais de souche. Tous aussi flamboyants les uns que les autres. Tout un ensemble de beau monde pour rehausser, colorer, harmoniser nos paroles chantées. Comme quoi, dans ce Québec d'alors, la musique se contrefoutait déjà des barrières de langue et de nationalité. Je n'aurais appris que cela sur le sinueux sentier de la chanson, que ça me suffirait pour m'accrocher à mort à ma vie d'artiste. À ma bohème, comme le chantera plus tard un certain Arménien du nom d'Aznavourian. Mais ça, c'est une autre histoire.

Puis, lors d'un de ces nombreux coups de tête qui me caractérisent, j'ai comme qui dirait officiellement quitté la chanson. Sans pour autant cesser d'en écrire. Sans pour autant cesser d'en bouffer de cette chanson qui m'avait respectablement nourri durant une bonne dizaine d'années. Sans pour autant quitter ce bon Raymond de l'œil et de l'oreille. Que voulez-vous, il me tenait à cœur, ce grand escogriffe. Je l'aimais.

En ce petit matin «frette» de février 1996, Sylvain Rivière sait-il tout ça, quand, de ses lointaines Îles, il me tire du lit d'un coup de téléphone? Pour me proposer de participer à cet hommage collectif qu'il juge important de rendre à ce bon Raymond! Sait-il tout ça, le Sylvain? Je n'en sais rien et c'est sans importance. Tout ce que je sais, c'est qu'il n'est pas question de me défiler. Rien de plus normal. Ne serait-ce qu'en souvenir de cette grande chanson d'amour et de paix universelle que je lui enviais d'avoir écrite. Mais ça, c'est une autre histoire.

Toujours est-il qu'en ce petit matin de février, je sors mon cahier, j'aiguise mes crayons. Histoire d'allonger tout de suite, noir sur blanc, quelques flashs de ce bon Raymond.

Et me voilà qui jongle avec mes trous de mémoire. J'ai la mémoire qui flanche. «Je m'souviens plus très bien», comme disait la Moreau. Mais au fait, de quoi devrais-je me souvenir exactement? De tout? Impossible! De rien? Impensable! Mais de quoi, mis à part l'amitié indéfectible qui nous lie tous deux malgré la distance?

Me revoilà qui fouille maintenant dans mes vieux papelards. Dans mon classeur, en quête de mon dossier «Lévesque-Raymond». En quête de cette chemise bleu ciel où ce grand Bozo dormait jusqu'à ce jour. Voilà! Quelques lettres, quelques articles, de la petite histoire, quoi! Et entre deux photos d'antan, ce court poème manuscrit de ma main et daté d'octobre 1986. Un simple poème que je lui avais offert de vive voix, dans un minuscule café de la rue Duluth, dont je ne me souviens plus du nom, et où trop peu d'amis s'étaient réunis pour faire la fête. En l'honneur de ses 58 ans d'âge et de ses 40 années de vie d'artiste.

Mais au fait, qui donc était là en cette modeste soirée d'automne 1986? Si ce n'était de cette page 32 d'*Échos-Vedettes* trombonée à mon poème, j'avoue à mon grand désarroi que j'aurais oublié quelques-unes de ces belles gueules. La mémoire a parfois besoin de paperasse pour se retrouver.

Et me voilà en train de décliner à haute voix:

Arsenault, Céline
Berger, Muriel
Brault, Manuel
Denis, Joël
d'Estée, Mimi
Guénette, Denise
Lévesque, Marie-Marine
Lévesque, Mariette
moi-même, Hervé
Oddera, Danielle
Payette, Jacqueline
Pérusse, Roméo
Rhéaume, Gilles
Ricard, Micheline
Robidoux, Fernand
Vaillancourt, Armand
Wagner, Réjean

Puis je me relis à haute voix ce petit poème qu'avec tout le respect que je porte à Raymond, je lui débitais alors avec une émotion contenue.

À Raymond

Depuis qu't'es dans mon horizon
Mon doux – mon grand – mon beau Raymond
Pour moi qui t'aime sans condition
Tu rimes avec la vraie chanson
Tes mots qui brassent les idées
Tes vers qui chantent la liberté
Ta voix qui rit – ta voix qui pleure
Vraiment tu clipes avec mon cœur
Quarante années de bel ouvrage
Malgré la mode et ses mixages
À coups de gueule – à coups d'images
Sur fond de blues et de courage
Quand les hommes vivront d'amour
Ben sûr on s'ra déjà passé
Voilà pourquoi dans mon discours
M'en vas finir par t'embrasser.

Je m'apprête à signer mon nom en bonne et due forme au bas de cette dernière page quand, par association d'idées et de mots, il me vient à l'esprit de dédier une chanson à ce bon Raymond. Une chanson d'enfant, datée de novembre 1972. Une chanson d'enfant à la douce mémoire de ce grand enfant qu'il demeure dans mon cœur.

La mémoire

Refrain
La mémoire
La mémoire
Mais qui – mais quoi
Mais qu'est-ce que la mémoire?

1
C'est un petit tiroir
Qu'on porte dans sa tête
Et qu'on ouvre en cachette
Quand nos idées sont noires

Refrain...

2
C'est un p'tit frigidaire
Où l'on met sur la glace
Les visages et les faces
Qu'on a vus l'autre hiver

Refrain...

3
C'est un petit classeur
Qu'on ouvre à la lumière
Pour chasser la poussière
Qui masque nos bonheurs

Refrain...

4
C'est un petit bouquin
Qui vit dans nos cerveaux
Et qui connaît les mots
Qu'on n'a plus sous la main

Coda

La mémoire
La mémoire
C'est quand on se rappelle
C'est quand on se rappelle
C'est quand on se rappelle
Qu'on ne s'en souvient plus.

Cela fait, je signe.

Hervé Brousseau
Montréal, 20 février 1996

Dans l'affection et la tendresse

Depuis l'époque du Faisan doré, nos chemins n'ont cessé de se croiser et notre amitié n'a cessé de grandir dans l'affection et la tendresse.

Raymond, pour moi tu représentes la sincérité, la franchise, l'intelligence du cœur, toutes ces choses qui font de toi l'artiste et l'homme que j'admire, respecte et aime de tout mon cœur. Je te dois aussi quelques-unes de mes plus belles soirées à ma petite boîte de la rue de la Montagne, quand le spectacle terminé, la tendresse et l'amitié nous réunissaient avec notre ami Brel. Tous ces souvenirs font partie désormais des plus beaux moments de ma vie.

Pour tout cela, mon cher Raymond, je t'embrasse et te dis MERCI.

Clairette

Une manière de vivre

Marseille, fin des années cinquante, tu chantes à l'Alcazar music-hall redouté de tous les artistes, le public de ce temple de la chanson étant un des plus sévères de France. Mais la France connaît et aime déjà tes chansons, tout comme moi d'ailleurs, car elles sont chantées très souvent à la radio par des vedettes comme Eddie Constantine qui les ont enregistrées. De plus, toute la famille a entendu parler de toi par Clairette, qui a fait le chemin dans le sens inverse et qui est maintenant installée dans ton pays. S'il arrive, parfois, d'être déçu de rencontrer l'auteur d'une chanson qui vous a émue, Raymond, en ce qui te concerne, j'ai compris assez vite que «Quand les hommes vivront d'amour» n'était pas, pour toi, qu'une chanson mais une «manière de vivre», et que l'homme et l'auteur ne se dissociaient pas.

Quelques années plus tard, ayant transplanté à mon tour mes racines dans ton beau pays pour devenir québécoise et réaliser mes rêves, j'ai eu l'immense chance de chanter tes chansons, toutes empreintes de tendresse, de lucidité, de vérité (je chante encore «Les trottoirs» – car tu écrivais il y a plus de trente ans des chansons d'aujourd'hui), et qui font de toi un des grands auteurs de la francophonie. Je sais que notre ami Brel aurait aimé écrire «Quand les hommes vivront d'amour». Cela non plus ne m'étonne pas, vous êtes de la même race, malheureusement en voie d'extinction.

Raymond, je voudrais te dire toute l'admiration et l'affection que je porte à ton œuvre, car, n'ayons pas peur des mots, tous tes écrits, qu'ils soient humoristiques, sociaux, tendres ou virulents, et je pense tout autant à tes livres qu'à tes chansons, sont des témoignages humains qui reflètent bien la pensée d'un homme qui a su évoluer avec son temps tout en gardant sa sincérité et son intégrité.

Après toutes ces années d'amitié et puisque nous voilà déjà à la saison des souvenirs, cher Raymond, de Marseille à Montréal, autour de la table de la cuisine ou à la boîte à Clairette, tu fais toujours partie de la famille.

Danielle Oddera

Cet hymne à la fraternité

Lorsque je suis arrivé au Québec, dans les années soixante-dix, je suis «tombé en amour» avec le pays, mais aussi avec les chansons des auteurs-compositeurs québécois. Par la suite j'ai adapté plusieurs de ces chansons en italien.

Raymond, quand j'ai découvert «Quand les hommes vivront d'amour», j'ai tout de suite pensé que cette chanson devrait avoir une résonance, non seulement ici, mais dans le monde entier.

C'est pour rendre hommage à cette œuvre universelle et à ton grand talent que j'ai adapté dans ma langue maternelle cet hymne à la fraternité. Si d'autres voulaient suivre, ce serait peut-être, qui sait, le début d'une aventure planétaire.

Encore chapeau et bravo Raymond, et toute mon amitié.

Roberto Medile

Quando il mondo vivrà d'amore

Quando il mondo vivrà d'amore
non ci sarà più miseria
i bei giorni arriveranno
e gli uonmini forse cambieranno
quando il mondo vivrà d'amore
sarà la pace sulla terra
i soldati spariranno
e gli uomini forse cambieranno
nel gran sentiero della vita
dove tutti dobbiamo passare
dove noi dobbiamo soffrire
perché il mondo si ami di più
noi che abbiamo vissuto
nell'odio e nella guerra
un giorno forse troveremo
la pace e l'amore sulla terra
quando il mondo vivrà d'amore
sarà la pace sulla terra
la primavera fiorirà
e forse il mondo cambierà

Des géants comme toi...

Mon cher Raymond, je t'écris cette simple lettre pour partager ma joie de t'avoir rencontré l'an passé, chez toi, avec mon ami Sylvain Rivière.

Je t'avais déjà croisé à quelques reprises dans ma vie. J'ai failli chanter avec toi à Paris, en 1975, en compagnie de Jacques Blanchet, Pierre Calvé, Claude Gauthier, Fernand Robidoux et bien d'autres. Mais les circonstances en avaient décidé autrement, à l'époque.

Voilà pourquoi je fus tout de suite ému quand Sylvain m'a offert, par un après-midi de 1995, d'aller passer quelques heures avec toi. Je ne pouvais pas être plus heureux, car je t'aime depuis si longtemps à travers tes chansons et ton omniprésence dans la chanson québécoise.

Nous avons donc mis le cap vers Longueuil avec une belle ferveur au cœur, quelque chose comme du bon pain au niveau de notre âme, pour te l'offrir en partage.

Il faisait si beau! Le soleil caressait mes pensées... J'allais voir mon ami de longue date. Tu nous a reçus dans la même simplicité que tu as conservée malgré vents et marées... Je me suis tout de suite senti chez moi, chez toi...

Ça sentait bon le cœur, les chansons et l'écriture, tel un ouvrage qu'on remet cent fois sur le métier. Nous avions apporté une bouteille de rouge et nous avons trinqué à ta santé et à la continuation de ton œuvre dans cette continuité de sentiments à laquelle tu n'as jamais dérogé.

Je me sentais comme un petit enfant près de son père. Je n'avais pas assez de mes yeux et de mes oreilles pour tout enregistrer de ces instants fabuleux, pour moi, de t'entendre raconter de vive voix ton expérience dans la chanson... Le vin aidant, je me sentais dans un autre monde, le monde féerique des paroles qui se font musiques et de ces géants qui, comme toi, ont donné le ton à notre chanson.

J'étais fier d'être là et, entre deux gorgées, Sylvain et moi t'écrivions des petits papiers remplis de questions pour en savoir plus long sur toi et sur ton expérience parmi les grands de l'écriture chantée.

Tu as sorti une seconde bouteille de rouge à la manière d'un magicien. Mes oreilles buvaient tes paroles tandis que Sylvain était tout ouïe, le sourire aux lèvres, la joie au cœur. Grâce à toi, l'émotion m'a gagné entièrement. J'avais les yeux fragiles de sentiments et le regard abandonné. Je serais resté là jusqu'à un prochain déluge ou jusqu'à la fin des temps... Mais, toute bonne chose a une fin et Sylvain me l'a rappelé soudain, entre deux enchantements...

Jean-Pierre Manseau

Raymond Lévesque transgresse temps et espace. Si je lançais, du tréteau de ma jeunesse: «J'appelle l'universel homme du pays!», ce sont sûrement ses pas que j'entendrais les premiers.

Nelson Minville

Un face à face glorieux

Par un bel après-midi de printemps, je traverse la place du Châtelet à Paris. Un face à face glorieux se produit avec Raymond Lévesque. Ce jour-là, il est très ennuyé car il cherche où présenter son tour de chant. «J'ai ton affaire, lui dis-je. Rejoins-moi ce soir à 19 h rue Guénégaud, chez Moineau, et je te présenterai au patron.» Ils ne se quittent plus et Raymond y travaille plusieurs années. Monsieur Moineau l'incitait même à épouser sa fille et à prendre en charge le bistrot. Ça n'aurait pas plu à Céline!!!

Pauline Julien

Tu vieillis bien

Mon cher Raymond,

Tu vieillis bien. Je ne te vois pas souvent, mais chaque rencontre est une fête.

J'aime m'accoter sur ton ventre (plus rond que du temps des Bozos...). Tu parles toujours aussi fort, tu ne te prends pas au sérieux (moins que du temps des Bozos...). Tu es *mon* Raymond que j'aime, comme dans le temps des Bozos! Tu n'entends pas ce que les gens disent de toi: on t'adore, on veut entendre ta drôle de voix, tes chansons tendres, ton grand rire qui nous prend par surprise. Tu n'entends pas, mais tu vois: on a la face fendue jusqu'aux oreilles.

Et toi sur scène, tu es beau et jeune, comme du temps des Bozos...

ta *Clémence*

À L'Écluse (1958), où l'on aperçoit Barbara à ses débuts.

Chansons

Raymond Lévesque, Édith Piaf, Paul Berval, Dominique Michel.

Au début de la télévision, en 1952.

Quand les hommes vivront d'amour

Quand les hommes vivront d'amour
Il n'y aura plus de misère
Et commenceront les beaux jours
Mais nous nous serons morts mon frère.
Quand les hommes vivront d'amour
Ce sera la paix sur la terre
Les soldats seront troubadours
Mais nous nous serons morts mon frère.
Dans la grande chaîne de la vie
Où il fallait que nous passions
Où il fallait que nous soyons
Nous aurons eu la mauvaise partie.
Quand les hommes vivront d'amour
Il n'y aura plus de misère
Et commenceront les beaux jours
Mais nous nous serons morts mon frère

Mais quand les hommes vivront d'amour
Qu'il n'y aura plus de misère
Peut-être songeront-ils un jour
À nous qui serons morts mon frère.
Nous qui aurons aux mauvais jours
Dans la haine et puis dans la guerre
Cherché la paix, cherché l'amour
Qu'ils connaîtront alors mon frère.
Dans la grande chaîne de la vie,
Pour qu'il y ait un meilleur temps
Il faut toujours quelques perdants
De la sagesse ici-bas c'est le prix.

Quand les hommes vivront d'amour
Il n'y aura plus de misère
Et commenceront les beaux jours
Mais nous nous serons morts mon frère.

L'héritage humain

L'héritage humain
Nous vient de très loin
Transmis de main à main.
L'héritage humain
Est né d'un long chemin
Poli par l'effort quotidien.

C'est la somme de nos connaissances,
Qui allégea le poids de l'existence.
Que d'efforts, que de peines muettes,
Pour la douceur d'une maisonnette!

L'héritage humain
C'est au temps lointain
Un homme qui avait faim.
Et de son courage
Est né le labourage.

Ainsi s'écrivit dans les âges
Le grand livre de nos connaissances,
Qui allégea le poids de l'existence,
À l'effort, la peine de nos frères,
Joignons le nôtre pour le meilleur sur terre.

L'héritage humain
C'est encore demain
Ce que chacun de nous,
De sa courte vie
Aura fait sans bruit
La main à la roue.

Car le monde aussi grand qu'il soit,
Ami, c'est un peu de moi, c'est un peu de toi.

Dans la tête des hommes

Dans la tête des hommes,
Qui sait ce qui se passe,
Dans la tête des hommes,
Moins connue que l'espace.

Il y a de l'amour,
Beaucoup plus que l'on pense,
Mais la lutte des jours,
Éternelle défense,

Pose tant de problèmes
Que de bonne conscience,
Il faut souvent quand même
Frapper pour l'existence.

Dans la tête des hommes,
Il y a de grands rêves,
Quand ils en font la somme,
Bien peu qu'ils parachèvent.

L'espoir, est-ce un mensonge?
À l'heure régulière
Agrémente leurs songes
D'éclatantes lumières.

Il y en a qui patientent
Mais d'autres qui se lassent
Qu'un fleuve qui serpente,
Engloutit dans sa vase.

Dans la tête des hommes,
Il y a la folie
Des guerres qui consomment
Les hommes et la vie,

Puis il y a encore
L'immense solitude,
Aussi devant la mort,
L'éternelle inquiétude.

Dans la tête des hommes,
Même les plus moroses,
Dans la tête des hommes

Il y a aussi des roses,

Les roses de l'enfance,
Une maison, une mère,
Un jardin, des vacances.
Que c'était beau naguère!

Dans la tête des hommes,
Il y a un empire,
C'est l'empire de Rome,
Des regrets qui déchirent.

Et jusqu'au dernier jour,
L'empire de l'amour.
Ah le besoin d'aimer,
D'aimer pour s'oublier!

Bozo-les-culottes

Il flottait dans son pantalon
De là lui venait son surnom:
Bozo-les-culottes,
I'avait qu'une cinquième année
Il savait à peine compter,
Bozo-les-culottes,
Comme il baragouinait l'anglais
Comme gardien d'nuit il travaillait,
Bozo-les-culottes,
Même s'il était un peu dingue
I'avait compris qu'faut être bilingue,
Bozo-les-culottes,
Un jour quelqu'un lui avait dit
Qu'on l'exploitait dans son pays
Bozo-les-culottes,
Qu'les Anglais avaient les bonnes places,
Et qu'ils lui riaient en pleine face
Bozo-les-culottes,
I'a pas cherché à connaître
Le vrai fond de toute cette affaire
Bozo-les-culottes,
Si son élite, si son clergé
Depuis toujours l'avaient trompé,
Bozo-les-culottes,
I'a volé de la dynamite
Et dans un quartier plein d'hypocrites,
Bozo-les-culottes!
A fait sauter un monument
À la mémoire des conquérants
Bozo-les-culottes.
Tout le pays s'est réveillé
Et puis la police l'a poigné,
Bozo-les-culottes.
On l'a vite entré en dedans
On l'a oublié depuis ce temps,
Bozo-les-culottes.

Mais depuis que tu t'es fâché,
Dans le pays ç'a bien changé,
Bozo-les-culottes.
Nos politiciens à gogo
Font les braves, font les farauds,
Bozo-les-culottes.
Ils réclament enfin nos droits
Et puis les autres refusent pas
Bozo-les-culottes.
De peur qu'il y en ait d'autres comme toé,
Qu'aient le goût de recommencer,
Bozo-les-culottes.
Quand tu sortiras de prison
Personne voudra savoir ton nom,
Bozo-les-culottes,
Quand on est de la race des pionniers
On est fait pour être oublié,
Bozo-les-culottes.

Son cœur

Il faut faire attention à son cœur,
C'est un ami qui nous veut du bonheur,
Mais l'amitié n'est jamais prisonnière,
Pour la garder il faut être sincère.

Il faut faire attention à son cœur
Et ne pas le jouer à la roulette,
Il risque de perdre sa valeur
Ou devenir une marionnette.

Car l'amour à la petite semaine
Ça devient de la mécanique
Toujours les mêmes mots à la chaîne
Comme dans les boîtes à musique.

Il faut faire attention à son cœur,
Ce n'est pas un vieil accordéon,
Qui joue toute la nuit jusqu'à six heures
Et qui tout le jour n'a plus un son.

Jeunes filles, jeunes gens,
Les feux de bois, les feux de bois,
Jeunes filles, jeunes gens,
Les feux de bois ça ne dure pas.

Mais toujours on transporte son cœur,
Comme les regrets poursuivent les voleurs,
On ne peut pas lui refaire le visage
Ou bien lui mettre un maquillage.

S'il est vieux, il est vieux pour toujours
Avec lui y a pas de tricherie,
Quand un cœur devient amer et lourd,
Il est lourd pour toute la vie.

S'il y avait un secret, une recette,
Ils feraient le tour de la terre
Pour recoller tous les cœurs en miettes
Mais il n'y a qu'une manière.

Il faut faire attention à son cœur
Et ne pas trop le jouer à l'amour
Afin qu'il garde toute sa fraîcheur
Et sa jeunesse jusqu'à la fin de nos jours.

Les peintres

Ce sont de jolis moineaux,
Boivent le vin comme l'eau,
Les peintres.
Ils ne croient pas au bon Dieu,
Mais ils aiment tous les gueux,
Les peintres.
Toute leur vie sont fauchés,
Ça fait partie du métier,
Les peintres.
En mélangeant les couleurs,
Ils racontent leurs malheurs,
Les peintres.
Toute leur vie les bourgeois,
Crachent sur leurs pauvres doigts,
Mais du moment qu'ils sont morts,
Vendent leurs toiles à prix d'or,
Ils ont de grands ateliers,
Et vivent en syndiqués,
Les peintres.
Quand ils vendent un tableau,
Ils font la vie «d'aristo»,
Les peintres.
Mais quand il reste plus rien,
Alors ils mangent du pain,
Les peintres.
Sans jamais poser d'questions,
Séparent tout ce qu'ils ont,
Les peintres.

Reniés de leur famille,
Comme les pauvres filles,
Comme les exilés,
Ils n'ont que l'amitié.
Malheureux en amour,
Ils changent chaque jour,
De couche et de nuit

Comme un clochard, de pluie.
Ils ont une âme d'enfant,
Mais tous les vices des grands,
Les peintres,
Ils ont leur centre du monde,
Au café de La Rotonde,
Les peintres.
Comm' souvent la vie leur «poise»,
Ils font partout des «ardoises»,
Les peintres.

Toute leur vie les bourgeois,
Crachent sur leurs pauvres doigts,
Car un peintre bien vivant,
Ça vaut pas plus que du vent.

Avec un mauvais pinceau,
Ils enjolivent le beau,
Les peintres.
Dieu referait la nature,
Il prendrait de la peinture,
Aux peintres,
Pour refaire les étoiles,
Comme ils les font sur leurs toiles,
Les peintres.
Ils n'ont pas à être fous,
Mais ça ne nuit pas du tout,
Les peintres.

Les élections

Pourtant y'avait fait son dépôt,
Mis des affiches sur les poteaux,
Et puis emprunté huit cents piastres
Sur son beau «set» de salon,
Qui valait ben deux mille piastres,
Oui mais les gens sont si cochons.
Ils profitent que vous êtes mal pris
Pour vous saisir même votre habit.

Pourtant sa femme l'avait aidé,
Au téléphone toute la journée,
Elle appelait je ne sais où?
Mais elle en appelait un coup.
Et puis tous les soirs à cinq heures
À la porte des chantiers d'Lauzon
Pendant deux mois, j'suis pas menteur,
Y'avait gueulé ses opinions.

Son médecin lui avait dit,
Qu'à son âge c'était pas sérieux,
Qu'la politique et les partis,
Pour la santé c'tait dangereux.
Qu'il faisait de la haute pression,
Que les discours, les émotions,
Les tracass'ries et le Québec
Ça tuait son homme, sa femme avec.

Mais il ne voulait rien savoir
Il en avait trop sur le cœur,
Il voulait prendre le pouvoir
Pour soulager tous les malheurs.
Car il en avait plein le casque
De voir souffrir, mourir sa race,
Tout ça à cause des Anglais,
Et d'autres affaires qu'il savait.

Pour bien clôturer sa campagne,
Y'a loué la salle du collège,
Une belle salle de mille sièges
En pente douce, comme une montagne.
Y'a engagé des grands artistes,
Qu'il payait comme des ministres,
Des artistes qu'attireraient
À dix milles un sourd et muet.

Mais y'a fait une petite erreur,
Y'a mis le père directeur
En charge de la vente des billets
Et le père qui votait d'l'autre bord,
Aux personnes qui s'informaient
Disait, sans reproche et sans remords
Qu'il n'y avait pas de soirée
Et personne s'est dérangé.

Aux élections il fut battu,
Pourtant il s'était débattu,
Mais on a beau faire comme il faut
Sur la terre comme là-haut,
On a beau faire comme il faut
C'est toujours l'père qu'y'a le dernier mot.

Soi-même

Soi-même ce n'est pas un cadeau
Ce s'rait plutôt beaucoup d'ennuis
On peut s'lever notre chapeau,
On a pas beaucoup d'ennemis
Qui pourraient nous mettre dans l'trou
Comme soi-même, comme nous.
À part de ça on est menteur
On se conte des maudites histoires
Il y'a pas de double crosseur
Comme soi-même, il faut le voir.
On est capable de s'embarquer
Juste avec un p'tit peu d'orgueil,
Et l'immense envie d'épater
Dans des genres de casse-gueule
Où on se ramasse en maudit,
Pour se fourrer rien comme Bibi.

Soi-même c'est une trahison
C'est une immense tricherie
Où il se vend que des chansons
Et un paquet de rêveries.
Avec nous la réalité
Passe toujours pas mal à côté.
Avant d'apprendre comment ça marche
Faut bien des fois s'péter la face
On est très dur de comprenure
Avec toutes nos illusions,
Et il nous faut plusieurs pelures
De banane pour entendre raison.
Et même quand on se l'est pétée
On reste toujours avec l'idée
Que si on s'était pas mélangé
Que ç'aurait fini par marcher.

Soi-même c'est un long supplice
Qui nous talonne chaque jour

Et aussi un paquet de vices
Qui sont pas drôles et qui sont lourds.
On essaie d's'en débarrasser
Mais ils nous collent toujours au cul
Et chaque fois qu'on veut changer
C'est eux qui prennent le dessus.
On a beau faire des prières
Des retraites dans un monastère
Quand on se retrouve dehors
Ils nous attendent d'un air canaille
Et puis on va au premier bar
Pour célébrer les retrouvailles.
Soi-même, c'est un corbillard
Que l'on traîne jusqu'à la mort.

On attend

Il n'y a rien d'assez beau
Il n'y a rien d'assez haut
Pour satisfaire notre appétit
De bonheur et puis de joli.
Dans un silence renfrogné
On regarde le temps passé
Et tout comme un cheval patient
On attend... on attend.

On attend que ça aille mieux
On attend d'avoir de l'argent
On attend l'aide du bon Dieu
D'un inconnu ou d'un passant.
On attend des beaux jours lointains
On attend le fameux matin
Où la chance nous sourira
Que la grande porte s'ouvrira.
Il y a bien une fortune
Qui traîne encore quelque part
Il y a bien sous une dune
Encore une marée d'or noir.
Il suffit que de la trouver
Mais à quoi bon de la chercher
Puisque chacun a son destin
Écrit au creux de notre main.
Il suffit de savoir attendre
De deviner ou de comprendre
Que notre vie commencera
Lorsque notre heure sonnera.
Alors en attendant ce temps
Assis sur nos rêves on attend.
Et les jours passent et le soleil
Est présent à chaque réveil
Et les oiseaux font des efforts
Pour chanter un p'tit peu plus fort.
Hélas il n'y a rien à faire

On s'entête dans nos misères
Et refusons de regarder
Et la lumière et la beauté.
Et le temps passe, et le temps fuit
Puis nous y laissons notre vie.

Quatorze

Mon oncle qui a fait quatorze
A des tas de souv'nirs de guerre,
Et comme un artiste dans sa loge
Tout fier il raconte sa carrière.
Quand il était dans les tranchées,
Et qu'il jouait de la mitrailleuse,
Dormant sur la terre mouillée
De la bonne terre tuberculeuse.
Mangeant du rat, mangeant du chien,
Mais c'était quand même le bon temps
Car il y avait les copains
Les vieux copains du régiment.

La guerre, la guerre, la guerre
Elle nous en fait manger
Oui mais après la guerre
On aime bien en parler.

Son capitaine s'app'lait Billy
Et tout se faisait en anglais.
L'anglais c'est la langue rêvée
Quand il faut s'écorcher l'palais.
Avec ses badges bien vissés
Il rugissait des mots bizarres
Et tout l'monde allait se faire tuer
En courant pour pas être en r'tard.
Quand l'armistice fut signé
Il était le seul qui restait
Avec mon oncle qui fut sauvé
Parce qu'il comprenait mal l'anglais.

La guerre, la guerre, la guerre,
C'est bien beau d'obéir,
Oui mais après la guerre
C'est bien mieux d'revenir.

Le clou d'sa représentation
Après ses souv'nirs de bataille,
C'était lorsque avec émotion
Il nous montrait toutes ses médailles,
Quelques pièces aux rubans usés,
Pas grand-chose en réalité
Oui mais pour pouvoir en porter
Faut d'abord aller les chercher.
Vous pouvez bien en acheter
Dans les *pawnshops* de la rue Craig
Mais mon oncle il les a gagnées
En les payant de trois orteils.

La guerre, la guerre, la guerre,
Faut une âme bien trempée,
Et avoir au derrière
Quelques poils à laisser.

Frère Juniper

Il y avait autrefois
Quand vivait saint François
Aussi un petit frère
Qu'était toujours derrière.

Où aille saint François
Sous tous les pauvres toits
Toujours le petit frère
Toujours était derrière..

Comme il était blagueur
Il pansait les malheurs
Un peu à sa manière
Oui mais toujours derrière.

Lorsque quelqu'un pleurait
Vite il le consolait
Avec du bon gruyère
Qu'il lui donnait derrière.

Le pauvre saint François
Voyait bien quelquefois
Qu'il y avait des mystères
Mais tout s'passait derrière.

À la fin de sa vie
Entrant au paradis
Encore le petit frère
Encore était derrière.

Quand vous serez aussi
Un jour au paradis
Si vous voulez connaître
Petit frère Juniper.

Ne vous énervez pas
Cherchez pour saint François
Et puis le petit frère
Sera juste derrière.

On se fait voler sa vie

À s'garrocher
À s'charroyer
Pour ne pas être en retard.
À s'comprimer
À s'compresser
Pour obtenir quelques dollars,
À s'faire d'la bile
Et d'la rebile
Pour essayer d'joindre les deux bouts,
À s'endetter
À se pogner
Juste pour boucher quelques trous,
Et pour remplir
Sans trop d'plaisir
Ce ventre qui mange nos sous.
À s'acheter
Faire marquer
Tout ce qu'il y a dans les vitrines,
À regarder
Sans y toucher
Les bell's filles dans les magazines.
À se traîner
L'air humilié
Dans l'bureau d'un gérant de banque,
Ou se pogner
Pour des années
Dans une compagnie de finance.
À obéir
Sans plus finir
À tous les ordres qui sont donnés,
À écouter
Et à bouffer
Toutes les peurs qui nous sont contées,
Alors les jours
Qui rôdent autour
Deviennent comme une punition,

Pogné en d'dans
Dehors, dedans
On maudit les quatre saisons,
Quand sans envie,
On rend l'esprit,
On s'est juste fait voler sa vie.

Au coin de la rue

La fin du monde
Est tout près de nous,
Au coin de la rue,
Dans le commerce
Qui nous divise,
Qui fausse la vie
Par l'âpreté au gain.

Elle est aussi dans le cœur
De ceux qui ne refuseront pas
De prendre le fusil
Ou de jeter les bombes
Quand on leur demandera,
Sans réfléchir,
Pour diverses convictions.

La fin du monde
Est tout près de nous,
Au coin de la rue,
Dans la trahison
De ceux-là qui
Devaient enseigner
Qu'il ne faut pas tuer.

Mais qui à travers les âges
Se sont liés à la politique,
Au pouvoir, à l'argent.
Qui avaient la mission
De changer l'humanité,
Mais qui n'ont fait
Que participer au mal.

La fin du monde
Est tout près de nous,
Au coin de la rue,
Dans le silence

Des citadins
Qui ne disent rien,
Lâches ou découragés,

Qui en ont pris leur parti,
Résignés à l'apocalypse
Qui rôde autour de nous.
Mais elle est avant tout
Dans le rôle des savants
Qui ont trahi
La science et l'humanité.

La fin du monde
Est tout près de nous,
Au coin de la rue.

Raymond Lévesque le poète...
Crédit photo: Ronald Labelle

Raymond Lévesque en conférence devant un auditoire majoritairement étudiant.
Crédit photo: Ronald Labelle

Poèmes

Les porcs

Dieu créa l'homme... et le porc.
C'est le porc qui s'est le plus
Répandu.
Les porcs ils sont partout.
Y'ont pas de conscience les porcs.
Y'a rien qui les dérange.
Le monde entier peut crever de faim...
Ça leur fait pas un pli.
Les porcs ils ont des usines...
Ils polluent l'air... l'eau...
Ça les dérange pas pantoute.
D'abord que ça paye, le reste
Ils s'en sacrent.
Que leurs ouvriers s'usent
Sur des chaînes de montage,
Dans un travail inhumain,
C'est le dernier de leurs problèmes.
Ou bien mettre cinq cents gars dehors,
Cinq cents pères de famille,
Ça leur fait rien les porcs,
Ça les regarde pas.
C'est pas leur responsabilité.
Les porcs, eux, c'est le profit,
Et chacun pour soi.
Ils ont tué beaucoup de monde les porcs.
Ils sont glorieux les porcs.
Des beaux noms... des beaux titres...
Tout le monde les connaît.
On parle d'eux.
Y'a pas un livre qui ne glorifie pas

Un porc quelconque.
Des porcs généraux...
Des porcs rois...
Même des porcs papes.
Je vous le dis... ils sont partout.
Vive les porcs!
Gloire aux porcs!
Ils ont fait de la planète une prison
Les porcs.
Un pacage à massacre.
Vive les porcs!
Merci aux porcs.
Porcs d'Europe...
Porcs d'Amérique...
Porcs de Russie...
Vous avez bien réussi.
Nous vous rendons hommage.
Vive les porcs!

L'auberge fameuse

Je sais une auberge fameuse
Où il n'y aura plus de misère,
S'il y a des gueux, s'il y a des gueuses,
Ils y trouveront leur chaumière.

La pluie qui fait tant de ravage,
N'aura plus droit à la page,
Le passé qui toujours tourmente,
Ne sera plus de la tourmente.

Le temps, ce voilier de taille,
Ne sera plus de la bataille,
Dans un silence grandiose,
Loin du froid et de toutes choses.

Nous traverserons sans ombrage,
Dans un long, très long voyage,
L'éternité et ses mesures,
Sans même user nos chaussures.

Et dans cette auberge fameuse
Y'aura une grande lumière,
S'il y a des gueux, s'il y a des gueuses,
Ils y trouveront leur salaire.

Justice à toutes leurs souffrances,
Aux prisons qu'ils eurent sur terre,
Pour n'avoir eu dans leur enfance,
Souvent un père ou une mère.

Chacun aura droit au partage,
Les riches tout comme les sages,
Mais il y aura miséricorde,
Et viendra l'heure de la concorde.

Toi qui souffres et qui désespères,
Si l'annonce n'est pas trompeuse,
Je te souhaite mon ami, mon frère,
Cette auberge fameuse.

Les archipels

Il y a par le monde
Il y a par le monde
Des archipels
Des archipels,
En Russie,
Au Chili
Et bien d'autres pays,
Où des hommes
Sont emprisonnés,
Torturés
Et pendant de longues années
Ne sont plus que des esclaves,
Parce que ces hommes
Ont des idées,
Ou simplement
Ne plaisent pas.

Il y a par le monde
Il y a par le monde
Des archipels
Des archipels,
Qui sont gardés
Par des soldats,
Des policiers,
Qui viennent du peuple aussi
Et oppriment leurs frères.
Au service des États
Cruels et sans conscience, (bis)
Ces archipels
Ne seraient pas,
S'il n'y avait des hommes
Pour faire ce boulot.
C'est d'une part les coupables,
C'est d'une part les coupables,
Et le malheur.

Cinq milliards d'hommes

Il n'y a pas cinq milliards d'hommes.
Il n'y en a qu'un... et c'est vous.
Un homme comme vous,
Qui a besoin d'amitié,
D'amour,
De sécurité,
De travail,
Du nécessaire,
Le simple nécessaire:
Manger,
Se loger,
Se vêtir.
Le simple nécessaire,
Si difficile...
Si tragique.
Il n'y a pas cinq milliards d'hommes,
Il n'y en a qu'un,
Qui souffre...
Quand on le prive,
Quand on l'opprime,
Quand on le torture.
Ah la torture!
Celui que l'on torture c'est vous,
Un homme comme vous.
Vous auriez tort de l'oublier.

Il n'y a pas cinq milliards d'hommes,
Il n'y en a qu'un.
Un homme responsable.
Responsable de la malhonnêteté.
Car un homme malhonnête
C'est toute la société qui est malhonnête.
Un homme qui ment
C'est toute la société qui ment.
Un homme qui tue
C'est toute la société qui tue.

Il n'y a pas cinq milliards d'hommes,
Il n'y en a qu'un.
Vous êtes responsable,
Je suis responsable,
Nous sommes responsables.
Ce larcin...
Cette trahison...
Cette fourberie...
Reproduits cinq milliards de fois,
C'est la misère...
C'est l'injustice...
C'est la pagaille.
Cinq milliards de fois,
C'est vous... c'est moi!
Il n'y a pas cinq milliards d'hommes.

Kommandantur

À ceux qui à la guerre
Torturent,
Mitraillent,
Bombardent au napalm,
Aveuglément,
Tuant
Femmes et enfants,
Sous le prétexte de servir
Leur patrie,
De faire leur devoir,
Je dis ceci:
Rien ne peut nous détacher
De nos actes,
Nous sommes toujours
Responsables,
Individuellement,
Devant Dieu
Et devant les hommes.

L'Église a trahi
De n'avoir jamais condamné l'appel
Du chrétien sous les armes,
D'avoir ménagé les puissants
Au détriment de la parole.
D'avoir joué du péché
À tout propos,
Sauf là où il le fallait,
Où cela aurait été si important.
Elle avait comme mission
De changer le monde,
Non pas de s'accorder avec l'argent,
Les puissances
Et la guerre.
L'Église a trahi.

Les militaires
Sont le déshonneur de l'humanité.
Leurs aventures sanglantes,
Inutiles,
N'ont rien apporté à l'homme
Et ne l'ont surtout pas ennobli.
L'histoire s'est trompée
De leur faire un triomphe,
De les louanger,
De chanter leur valeur.
Tous ces monuments
Rappelant leurs massacres
Sont des tombeaux,
Des charniers,
Où traîne la mémoire de ceux
Qui n'ont rien fait d'autre
Que de détruire la vie.

La guerre n'est pas un métier,
Qui le croit n'a pas de conscience.
L'homme est fait pour développer
La richesse de l'existence,
Non pas pour semer la mort.
La mort sait prendre soin d'elle
Quand le temps a usé son sort.
Il n'a pas à mettre d'échelle.
Il est la vie, doit la sauver.
La guerre n'est pas un métier.

Il n'y a ni tourments, ni mystères,
Nul n'est tenu de servir la guerre.

Le mensonge

Je suis le poète qui frappe à votre porte
pour vous dire que tout est mensonge.
Nous sommes conditionnés par le mensonge.
Nous sommes victimes du mensonge.
Les maîtres de ce monde se sont emparés
des valeurs les plus nobles,
les plus belles,
pour les modeler à leurs intérêts,
les salir,
les anéantir.
La noblesse du travail,
le sens du devoir,
la droiture de la conscience.
Par le mensonge ils ont fait
des hommes des esclaves,
les ont forcés à s'abaisser,
à se corrompre,
simplement pour vivre,
survivre.
Par les valeurs d'argent,
de richesse,
de prestige,
ils en ont fait des voleurs,
des assassins.
Le mensonge est partout et nous écrase.
Prenez conscience du mensonge.

La conscience

Le monde n'a pas été créé pour une société industrielle.
C'est de cela qu'il s'agit et qu'il faut prendre conscience.
La destruction de notre environnement est un non-sens.
Qu'est-ce qui pousse les hommes à ne point respecter l'ordre global de la nature?
Serait-ce l'ignorance?
Devant l'ensemble des connaissances accumulées depuis cent ans, cet argument n'aurait aucune valeur.
Au contraire.
Lorsque les hommes tâtonnaient encore, ils savaient respecter l'ordre des choses et n'avaient ni le désir, ni les moyens, ni la volonté de tout détruire.
Si cela se fait c'est à cause d'une déformation particulière de son esprit due aux fausses valeurs qui le motivent.
Et que sont-elles?
Celles du profit et de l'enrichissement qui le pervertissent.
Tel est le mal, tel est le péché qui ronge la conscience de notre temps.
Nous subissons tous ce que nous pourrions appeler «l'oppresion économique».
Le coût de la vie, entendons-nous souvent, a augmenté de trois pour cent.
Mais s'est-on déjà demandé si cela est normal qu'il y ait un coût à la vie?
Par contre les hommes sont si bien conditionnés à cette fourberie qu'ils ne se posent jamais la question à savoir pourquoi il y a un coût à la vie.
Comme si cela était normal.
Le coût de la vie mais c'est toute la tragédie humaine.
L'exploitation de l'homme par l'homme,
le chômage, l'injustice, la misère.
C'est la cause d'une société où l'esprit de fraternité et de compassion est écrasé.
Nous nous faisons voler nos vies.
Il n'y a pas d'autres mots.

À vouloir la gagner, nous nous la faisons voler et nous la perdons.
Pour un monde plus humain, plus juste, plus fraternel
il nous faut remettre en cause ces fausses valeurs.
Là où il n'y a pas d'amour il n'y a pas de civilisation.
D'ailleurs il n'y en a jamais eu.
Que des systèmes politiques, économiques dans un décor d'époque.
Mais de civilisation... point.
La civilisation est à venir et reste à faire.

Vous

Vous qui aurez vécu,
N'ayez aucun remords,
Ne vous faites aucun reproche.
Vous aurez été tel que vous avez été créé.
Vous n'aurez choisi ni votre sexe
Ni votre personnalité,
Ni vos talents,
Ni vos défauts.
Vous aurez porté le poids de quelque chose
Qui vient d'ailleurs,
Et dont nous ne sommes point responsables.

Le fer

Le fer est le bras de Satan.
C'est par lui que viennent l'épée, le canon, le boulet,
la balle, le fusil.
Et tous les engins rouli-roulants, volants,
de notre temps.
Le fer est partout et écrase la vie.
Il a tué plus d'hommes
que tous les ouragans
et les naufrages.
Encore aujourd'hui, sur la route, dans les airs,
il tue, impitoyable,
des êtres innocents.
D'ailleurs il n'a toujours tué que des innocents.
À la guerre, par la haine
et par le meurtre.
Le fer est le métal de la mort.
Il est le compagnon de l'or
et tous deux conduisent le monde à sa perte.
Il faut bannir le fer
et retrouver le bois,
si noble, si humain.
L'arbre est notre ami,
le fer notre ennemi.
Si la croix vient du bois,
sans le clou le Christ serait encore parmi nous.

Rome

Église de Rome
Tu es couverte de péchés.
Ton histoire traîne des crimes.
Toujours pour bien faire... bien sûr.
Toi qui devais prêcher la tolérance
et la largeur d'esprit,
Tu as souvent fait tout le contraire.
Depuis des siècles tu es une source
de scandales et de reniement
pour ceux-là qui pourtant
cherchaient Dieu.

Levez-vous

Après avoir longuement réfléchi.
Après s'être levé, avoir pris son bâton et sa besace,
L'homme sage entreprit son long voyage.
Pendant des jours et des jours il marcha par des chemins abrupts,
Gravit des buttes rocailleuses,
Entreprit l'escalade de la plus haute montagne pendant huit jours,
Soufflant, suant, dormant dans des crevasses.
Et quand enfin il atteignit le sommet,
Il prit un gros cornet et cria très fort:
Levez-vous, fumiers!
Et le monde entier s'est levé.

Monologues

Raymond Lévesque le fantaisiste...
Crédit photo: Ronald Labelle

Raymond Lévesque l'activiste...
Crédit photo: Ronald Labelle

Achille

(Appelant) Achille... Achille... tu vas pas rester enfermé jusqu'à la fin de tes jours.
Voyons donc, ç'a pas d'allure.
C'est pas si grave que ça.
Tu vas t'habituer.

(Au public) Il veut plus sortir.
Depuis qu'il a découvert que le monde est injuste... il veut plus sortir.
Ça lui a donné comme un choc.
Moi je pensais qu'il le savait.
Ben non... il avait comme des illusions, si je puis dire.
Il pensait que le monde est beau.
Je sais pas où il est allé chercher ça.
Moi il y a longtemps que je le savais que le monde est pas beau.

Ça m'est arrivé comme ça, un matin, en me regardant dans le miroir.
Ça m'a donné un choc moi aussi... pis je me suis habitué.
Tout le monde s'habitue.
Si les gens s'habituaient pas ils resteraient tous enfermés dans leurs maisons.
Remarquez que ce serait une bonne affaire.
De plus voir personne, moi, ça me dérangerait pas pantoute.
Ils sont assez laids les tabarnaks.
Y'a des jours où ça me déprime complètement.
D'autres jours ça me fait rien pantoute... je pense à d'autres choses.
Mais des fois c'est écœurant.

Je deviens complètement down.
Surtout quand je vois un Anglais.
Ça, je m'habitue pas.
Maudit qu'ils sont laids pis déprimants.
Mais ça ne paraît pas toujours.
Des fois on peut croiser un Anglais qui a pas l'air anglais pantoute.
Il peut avoir l'air d'un gars de Chicoutimi... ou de Rimouski... du monde laid ordinaire.
Même des fois on peut en rencontrer un qui a l'air d'un Gaspésien.
C'est fourrant.
Mais des fois on va rencontrer un Anglais qui a l'air anglais d'une façon écœurante.
Là c'est déprimant.
Une espèce de tête carrée... avec deux petits yeux couleur marde... des espèces d'oreilles de crocodile pis une bouche qui a l'air d'un pot de chambre.
C'est déprimant comme c'est pas possible.

À part de ça dans cette maudite bole-là il y a rien... rien pantoute... c'est complètement vide.
Une fois y'avait un Anglais qui marchait en avant de moi et juste pour voir s'il avait quelque chose en dessous du capot je lui ai câlicé une grande claque derrière la tête.
Il s'est reviré et m'a dit: «My name is Paul.»
Faut-y être assez épais.
Je lui sacre une claque pis il me dit son nom.
Juste pour voir, je lui en ai câlicé une autre et il s'est encore reviré pour me dire: «My father is a doctor.»
J'aurais continué à lui en câlicer qu'il m'aurait raconté toute sa vie.
De toute façon, comme son père était docteur, après il aurait pu lui refaire une beauté.

Mais à fesser comme ça à un moment donné je m'étais fait mal.
Comme ils ont la tête carrée, j'avais pogné un coin.

Les gens s'imaginent que tête carrée, c'est juste un gag.
Non... c'est vrai.
Complètement carrée comme une boîte de savon.
D'ailleurs, si vous le brassez un peu, il va lui sortir des bulles.
Ma foi du bon Dieu, vous y mettriez une paire de draps dans la gueule qu'il ferait un lavage.
Là vous allez penser que je ne les aime pas.
Pas du tout.
Au contraire.
Je suis toujours prêt à les aider.
Des fois j'en rencontre et je les pousse dans la rue.
Ils se font frapper par une auto.
Mais moi c'est pour leur rendre service.
C'est pour les aider à aller à l'hôpital.
C'est toute.
Des fois je suis sur mon balcon et quand passe un Anglais je lui câlice une chaudière d'eau sur la tête.
Mais c'est pour lui rendre service.
Pour lui montrer qu'on ne sort jamais sans son parapluie.

Mais là où je suis le plus serviable, c'est avec les Anglaises.
Des fois si j'en vois une qui revient de l'épicerie avec des gros paquets, je lui offre de les porter.
«Oh... you're so nice», qu'elle me dit.
Là j'arrête un taxi qui passe.
Elle pense que c'est pour aller la reconduire.
«Oh... you're so nice», qu'elle recommence.
Là je mets les paquets dans le taxi, j'embarque pis je câlice mon camp.
Je l'entends japper jusqu'à un mille de là.
Parce que, je ne sais pas si vous le saviez, mais les Anglaises jappent.
Une fois j'avais le goût de faire l'amour pis je trouvais personne.
Tout à coup passe une Anglaise.
Je lui dis: «May I fuck you?»
«Oh it's so nice.»

Ça fait que je l'amène dans un motel et là, en pleine action, elle commence à japper.
Pas des petits jappements.
Non... des gros WOUF... WOUF.
Ça m'a surpris.
Après j'ai compris pourquoi les Anglais aiment les bull-dogs.
Ça les change.

En tous les cas pour revenir à Achille y'a découvert un jour, comme ça, que le monde est injuste.
Mais la vie est pas juste pour personne.
C'est pas parce qu'un gros chien l'a mordu que la vie est plus injuste pour lui que pour les autres.
Tenez, gros chien, pensez-vous que c'est drôle d'être gros chien.
Moi, j'en connais un gros chien.
Il vend de l'assurance.
Pensez-vous que c'est drôle pour lui d'être toujours obligé de faire peur au monde?
«Écoutez madame... vous ne semblez pas vous rendre compte que vous n'avez aucune protection.
Qu'un poêle peut vous tomber sur la tête sans pouvoir en retirer aucun bénéfice.»

Là la femme commence à s'inquiéter pour vrai
Elle voit plus son poêle de la même façon.
Elle trouve qu'il a un drôle d'air pis elle commence à se poser des questions.
Comment un poêle peut-il me tomber sur la tête?
Pour une mère de famille qui est toujours trop occupée pour commencer à penser... c'est un problème.
Elle n'ose plus faire à manger de peur de recevoir le chaudron de soupe sur la tête avec le poêle.

Les enfants ont faim.
Le mari s'en mêle: «Pourquoi tu veux plus faire à manger?»
«C'est parce que j'ai peur de recevoir le poêle sur la tête.»

La v'là rendue chez le psychiatre.
Remarquez que lui y'en avait déjà reçu un poêle sur la tête.
C'est pour ça qu'il est psychiatre.
C'est sa femme qui lui avait garroché.
Alors le psychiatre connaissait la question.
Mais il n'était pas pour s'en vanter.
Ça fait qu'il l'avait envoyée à Hippolyte-La Fontaine avec une gang de fous qui avaient reçu soit un poêle... un frigidaire ou l'oratoire Saint-Joseph sur la tête.
Tout ça à cause d'un maudit vendeur d'assurances qui l'avait toute mélangée.

Vous voyez ce que c'est que l'injustice.
Et les Français.
Vous pensez qu'ils en subissent pas des injustices les Français?
D'ailleurs, juste d'être français, c'est une injustice.
Car en tant que Français, ils sont obligés de tout savoir.
Ça fait qu'ils lisent toute la nuit plus le samedi et le dimanche.
C'est pas pour rien s'ils ont l'air d'une bibliothèque à laquelle il manque deux étagères.

Pis leur Louis XIV, c'est encore un paquet de troubles.
«L'État, c'est moi.»
Oui mais les tas de quoi?
Les tas de guenille ou les tas de marde?
C'est un problème.
Et Napoléon... en Égypte: «Du haut de ces pyramides, quarante siècles nous contemplent.»
Mais contemplent quoi?
Quand on contemple un Français, on ne sait pas si on contemple un jambon de Bayonne ou un camembert.

Et être québécois.
Vous pensez que c'est juste d'être québécois?
D'être complètement bouché... tata et débile.
Vous pensez que c'est juste.

Quand un Québécois attend l'autobus dans le milieu d'un bois... vous pensez que c'est juste?
Qu'un orignal lui rentre dans le cul et qu'il pense qu'il vient de se faire frapper par le métro... vous pensez que c'est juste?
Quand il va à Québec et qu'il commence à semer des patates sur les plaines d'Abraham... vous pensez que c'est juste?
Quand il entre au Parlement et qu'il demande à parler au principal... vous pensez que c'est juste?
Alors, Achille, il se plaint de quoi?

(Appelant) Achille... Achille... t'as raison... le monde est injuste... pis reste chez vous... parce que si tu sors t'es tellement laid... patate... concombre... cornichon... poireau qu'on pourrait te prendre pour un Italien.
Ce serait pas juste pour eux autres.

L'adieu

Méfiez-vous, braves gens... méfiez-vous...
Le temps passe et déjà le temps n'est plus.
Celui à qui vous dites au revoir sur le coin
d'une rue...
Bien souvent vous ne le reverrez plus.
Les «au revoir» sont sournois... hypocrites...
et maintes fois sous des airs innocents
ont leur habit noir des adieux.

La vie bouscule... la vie charrie...
Le temps n'a pas le respect de l'amitié...
Ni les grandes villes ni les occupations.
Tout sépare en silence... sans qu'on s'en
aperçoive... et les moments les plus gais
sont souvent à notre insu... le temps des adieux.

Ainsi... Paupol... qui était mon ami!
Toujours ensemble... pendant des années...
puis un soir je lui ai dit: «Au revoir.»
Et je ne l'ai plus jamais revu.
Un voyage qui dure plus longtemps que prévu...
le va-et-vient de la vie... puis un jour
quand on revient... les amis sont partis sans
laisser d'adresse.
Souvent c'est encore plus simple que ça.
Dans la même ville, sous le même ciel...
à dix rues l'un de l'autre.
Un soir on prend un verre... on se dit au revoir...
on ne se voit pas pendant un mois... puis tout
à coup on apprend: «Tu sais Jules... ben il
est mort... un accident... un suicide...»
Et pourtant c'était un au revoir.
Méfiez-vous, braves gens... méfiez-vous...

Le temps passe et déjà le temps n'est plus.
Accrochez-vous à tout le plus que vous pouvez...
barrez vos portes... fermez vos fenêtres...
et bougez le moins possible.
La bougeotte est mortelle.
On fait un voyage... on déménage...
et sans le savoir on court après
les regrets.
Quand vous êtes avec un ami, faites durer
ça le plus longtemps possible.
Pas un verre. Dix verres! Une baloune s'il
le faut!
Vaut mieux une bonne baloune que de se dire
après: «Ah... si j'avais su!»
La baloune est l'amie des amis.
Elle fait durer ce qui souvent, sans qu'on le
sache, est un adieu.
C'est pourquoi les ivrognes ont raison.
Ils font durer les choses longtemps.
Ils prennent pas de chance.
Avec eux les premières communions... les mariages...
les enterrements... Noël... le jour de l'An...
Ça finit plus.
Ils sont toujours les derniers partis.
Si on les mettait pas à la porte... le jour
de l'An durerait toute l'année.
Ils ont raison... ils prennent pas de chance.

C'est comme les déménagements.
Y'en a qui déménagent tout le temps.
C'est mortel!
Quand vous aimez un endroit, restez-y.
Vos voisins qui vous achalent, qui vous énervent.
Essayez de les fuir... vous allez les regretter.
Quand vous serez au loin, confortable
dans le silence de la nature...
Tout à coup la pensotte va vous prendre.
Vous allez revoir avec nostalgie tous vos

anciens voisins, vos anciennes chicanes:
Celui qui vous bumait toujours une piastre;
Celui qui chantait de l'opéra à minuit;
Celui qui, en arrosant ses trois pieds
de gazon... arrosait toutes vos fenêtres.
Celui qui envoyait son petit gars vous
voler votre *Presse*.
Vous allez même vous ennuyer de votre vieil
évier bouché... de la porte qui grinçait...
du plancher qui craquait... de la fenêtre
qui ouvrait mal.
Vous allez revoir tout cela avec nostalgie
en vous disant: «C'était le bon temps.»
Bougez le moins possible.
Quand vous êtes ben ben écœuré de quelque
chose... sachez que c'est à ce moment précis
que vous êtes le plus heureux.

Méfiez-vous, braves gens... méfiez-vous...
Le temps passe et déjà le temps n'est plus.
Prenez des photos... beaucoup de photos.
Ça conserve... ça éternise les souvenirs.
Celui qui a inventé la photographie, dans
le fond, c'était un nostalgique.
Il voyait bien que le temps passe...
qu'il reste rien.
Ça fait qu'il cherchait un moyen.
Y'aurait ben pu faire du dessin... de la peinture...
mais c'est pas pareil.
C'est trop long.
Dans un mariage, essayez de garder tout
le monde immobile pendant cinq heures pour
faire une peinture... vous serez pas capable!
Ils vont penser au buffet, ils vont avoir soif...
Les nouveaux mariés vont se tortiller.
Et quand vous voulez photographier le petit
dernier sur son petit pot... essayez de le
laisser là pendant trois heures pour faire

une peinture... vous serez jamais capable.
Il va brailler... il va avoir mal aux fesses...
il va se mettre les mains dans le pot...
Tandis qu'une photo... le temps de le dire...
le petit est sur son petit pot pour l'éternité.
N'est-ce pas merveilleux?
Prenez des photos... beaucoup de photos.

Puis ramassez aussi des petits souvenirs.
Un élastique que vous avez reçu dans l'œil...
Une porte que vous avez eue dans le front.
Si vous tombez en bas d'un balcon, gardez
le balcon!
Plus tard vous allez revoir ça avec plaisir.
La vie est un passage.
Est-ce qu'ils nous l'ont pas assez dit: «La
vie est un passage.»
Si vous faites pas attention, vous allez vous
retrouver au bout du passage avec rien.
Combien de gens sont comme ça!
Ils font pas attention et ils se retrouvent
au bout de la vie avec rien.
Même pas un élastique... même pas une photo...
même pas un balcon... même pas un enfant.
Alors ils sont toujours dans les souvenirs
des autres.
Ils fouillent dans vos albums... ils passent
l'après-midi sur votre balcon... pis ils courent
après vos enfants.
La petite dernière de quinze ans particulièrement.
Pire! Y'en a qui veulent vous prendre
votre femme.
Ils ont pas fait attention et ils se retrouvent
tout seuls.
Alors si jamais y'a un gars qui veut vous
prendre votre femme... laissez aller... laissez
aller... vous avez les photos... pourquoi
traîner l'original jusqu'au bout.

C'est comme Dieu... quand il a eu créé le monde... il a pris quelques photos... et on l'a jamais revu.
Méfiez-vous, braves gens, méfiez-vous...
Le temps passe et déjà le temps n'est plus.

Cours d'inquiétude

Chez nous...
On n'a pas fait d'études.
En tous les cas... pas beaucoup.
Pourtant tout le monde est instruit.
On sait ben des affaires.
Parce que chez nous on a suivi...
un cours d'inquiétude.
Ainsi quand ma sœur est partie
pour la famille...
Là, l'inquiétude en a pris un coup.
D'abord y'ont parlé de la marier...
Vite... vite, avec un cave.
De l'envoyer à Montréal...
De la cacher dans la grange...
Pis y'ont parlé d'avortement.
Ça fait qu'ils ont essayé:
les aiguilles à tricoter,
les bains chauds,
ils l'ont fait danser à la corde.
Aye... ça c'était quelque chose!
Elle dansait dans le milieu
de la cuisine... pis elle accrochait tout.
Les pots de confiture...
Le toaster... la boîte à pain...
La lampe du plafond.
Deux fois qu'elle l'a accrochée.
La dernière fois, le plafond a manqué de
venir avec.
Elle était après arracher toute
la maison...
Avec mon père qui comptait: 202... 203...
Envoye...! 204... 205...
Mais le petit... il lâchait pas.

Ça fait que c'est là qu'ils ont essayé
la voiture à Camille.
Une grosse Buick, solide...
Pis ils sont partis à cent milles
à l'heure sur une route de terre
pleine de trous.
Ma sœur levait au plafond...
Se retrouvait en arrière...
En dessous du banc.
Elle sortait par la fenêtre,
rentrait par l'autre.
Camille a défoncé tout son char...
Mais le petit... il lâchait pas.
Mon père était après finir
son cours d'inquiétude.
Pis ma sœur pleurait.
Des fois pour l'encourager...
le bonhomme lui disait:
«Pis toé, ma maudite vache,
si tu as des jumeaux... je te tue!»
Là ma sœur devenait blême...
Elle se tâtait la bédaine...!
Ah... si y'avait eu un zipper
pour aller voir.
Quand le bébé est arrivé,
je me suis penché sur son berceau...
je l'ai regardé.
C'était un beau petit garçon.
Tout à coup... y'a ouvert les yeux.
Deux petits yeux bleus... qui voyaient
même pas encore.
Ben... y'avait l'air inquiet...
Pis il s'est mis à brailler.
Ça fait que je lui ai dit:
«Fais-toi-z-en pas, mon petit,
ça va ben aller.»
Il braillait encore plus fort.
Aye! ces petits-là, tu les fourres

pas comme ça!
Alors je me suis mis à jongler:
Sur la vie...
La misère...
Le malheur.
Et tout à coup, levant mon poing vers le ciel,
je me suis écrié:
«Celui-là tu vas le laisser tranquille.»
C'est alors que j'ai entendu une grande
voix qui m'a répondu:
«Va chez le yable.»
Ça m'a fait un drôle d'effet.
Je suis pas inquiet...
Mais c'est pas rassurant.

Frère Donat

Au temps où je faisais mes classes
Avec le rêve de m'instruire,
J'avais pour m'ouvrir à la grâce
Un professeur et c'est peu dire.
Il s'appelait le frère Donat,
Arrivait de l'Abitibi
Et semblait se servir de ça
Comme raison ou alibi.
Pour éclairer notre lumière,
Avec des méthodes minières,
Il descendait dans nos cerveaux,
Comme le mineur à sa gal'rie,
En maugréant des tas de mots
Contre le ciel et puis la vie.
Quand il nous faisait la grammaire,
Tonitruant, bombant le torse,
Alors nous maudissions nos mères
D'nous avoir sortis du carrosse.
«Prenez une plume et un crayon,
Bande d'abrutis, bande de gnochons,
Et rapp'lez-vous qu'le complément
S'accorde des fois mais pas souvent,
Que le sujet et puis le verbe
Ont des tendances à se singer,
Et pour ce qui est des adverbes,
Mettez-vous-les où vous voudrez.»
Nantis de ces règles pratiques,
Nous faisions alors des dictées
Qui ressemblaient à un pique-nique
À l'île Sainte-Hélène, l'été.
Dans la verdure de deux pages,
Comme les amoureux peu sages,
Nous mettions des «s» on n'peut plus

Comme autant de fruits défendus.
Et les règles du participe
En prenaient un coup avec nous,
Comme pour ce qui est des principes,
En Afrique chez les Papous.
Je me souviens même, une fois,
Avoir mis de très bonne foi
Un «x» à la fin de «bréviaire»,
Car j'aimais beaucoup le vicaire.
Le frère Donat, rouge et ravi,
Devant nos fautes se voyait
Élevé à l'Académie
D'avoir simplifié le français.
Mais sa science de pédagogue
Atteignait le sommet des cieux
Lorsque dans un long monologue
Il venait à parler de Dieu.
«Dieu est bon et toute grandeur»,
Nous disait-il férocement,
Et racontait tous les malheurs
Qui nous guettaient au firmament.
Avec une joie de bourreau,
Il décrivait, méticuleux,
L'enfer et puis ses hauts fourneaux,
Les fourches, les cornes... C'était affreux.
Cramponnés à nos pupitres,
Avec un cœur encore tout pur,
Nous avions chaud à son épître,
Comme trois putains et puis deux durs.
Tant qu'aux dix command'ments de Dieu,
Quand il les avait expliqués,
Nous comprenions que les plus vieux
Avaient tendance à se «paqueter».
Mais la somme de sa culture
Atteignait son raffinement
Lorsqu'avec une joie de dément,
Il nous parlait des créatures.
«La femme, (disait le frère Donat)

C'est le démon en bigoudis,
Il faut vous éloigner de ça
Si vous voulez le paradis.
Le mariage, c'est la guerre.
Vous êtes au front toute la vie,
Une fleur à la boutonnière
Et toujours la main au fusil.
Regardez tous ces malheureux,
Encore jeunes, déjà vieux,
Et vous comprendrez, je l'espère,
Qu'pour être heureux faut faire un frère.»
Y avait alors un long silence.
Le frère jugeait de son effet,
Nous attribuant plein de confiance
La classe des grands ou des beignets.
Mais, sous nos têtes de linottes,
Nous étions quand même lucides
Et, dans sa belle redingote,
Le frère Donat faisait un «bide».
Cher frère Donat, aujourd'hui,
Il m'arrive de penser à vous
Maintenant que j'ai réussi
À me débarrasser de tout
Ce que vous m'aviez enseigné,
Que je me suis réconcilié
Avec Dieu et avec la vie,
La grammaire, et les femmes aussi.
Alors je me dis sans rancune
Que malgré votre bon vouloir
Vous nous laissâtes plus de lacunes
Que de sagesse et de savoir.
Vous n'étiez pas, il faut l'avouer,
Doué pour cette profession
Qui est celle de révéler
La foi, l'espoir et les notions.
Y'aurait mieux valu, voyez-vous,
Que vous fassiez un bon mineur
Que de venir faire des trous

Dans nos cerveaux et puis nos cœurs.
Quand j'aurai un petit garçon,
Je l'élèverai chrétiennement;
Pour pas qu'on gâche ses horizons,
J'examinerai le frère avant.

Jos Laframboise

Alors un jour, comme ça,
Je me suis aperçu que je m'appelais
«Jos Laframboise».
Avant, je n'y avais jamais pensé.
Je m'étais jamais arrêté à ça.
Je savais bien que je m'appelais
«Jos Laframboise», mais c'est tout.
J'aurais pu aussi bien m'appeler
Hector Rivet ou n'importe quoi!
Ç'aurait été la même maudite affaire pour moi.
Mais un jour, en cherchant ma première job
Dans les annonces classées,
Ça m'a frappé tout à coup.
Ça m'a frappé parce que je me suis aperçu
Que je ne savais rien faire.
On demandait des débosseurs,
Je savais pas débosser,
Des riveurs,
Je savais pas river.
Je me suis dit: «C'est drôle cette affaire-là...
De quoi ça dépend que je sais rien faire?»
Alors je me suis mis à penser.
Chez nous, on était dix.
Mon père, dans le temps, gagnait peut-être...
Quarante piastres par semaine.
En tous les cas... pas question de faire des cours classiques.
Ma mère faisait des lavages
Pour joindre les deux bouts,
Alors nous autres, les petits bout's,
Comme on était toujours dans les jambes
Elle nous mettait dehors le matin
Puis elle nous ramassait le soir.
Ça fait que notre éducation

On l'avait avec les vendeurs de bananes.
Ainsi de suite, à douze ans,
Pour aider à payer le chesterfield,
On commence à livrer des ordres à l'épicerie.
On fait ça pendant quelques années,
Et puis un jour, juste comme on va avoir une augmentation,
Le patron nous sacre dehors pour engager son neveu.
De fil en aiguille, on se retrouve à vingt ans
Devant les annonces classées... et puis on sait faire rien.
Ça fait que... on s'engage comme journalier
Pour pelleter de la terre.
Mais, pelleter de la terre! Tu te tannes.
T'arrives chez toi le soir,
T'es tellement fatigué
Que t'as même plus le courage de sortir
Avec ta blonde.
Ça fait que ta blonde, elle sort avec un autre,
Et puis toi, tu restes avec la pelle.
Mais... tu sais comment c'que c'est!
Une pelle... ça embrasse mal!
Alors tu lâches la job
Pour suivre des cours du soir.
Mais pour apprendre un métier qui a du bon sens,
Il faut savoir compter.
Toi, tu sais pas compter.
T'es ben capable de te démêler dans ton petit change,
Mais, à part ça...
Et puis... cours du soir...
Pendant ce temps-là, ta blonde sort toujours
Avec un autre.
Ça fait que tu lâches les cours du soir,
Et puis tu t'engages sur une construction
Pour apprendre le métier de menuisier.
Mais menuisier, ç'a l'air facile,
Quand on regarde travailler les autres,
Mais c'est pas n'importe qui
Qui peut être menuisier.
Il faut être doué pour ça,

Alors toi, comme tu frappes toujours à côté,
Tu frappes la porte.
Ça fait que grâce à un gars... qui connaît un gars...
Qui a un chum... une affaire de patronage,
Tu frappes une «run» de lait.
Mais toi, c'est pas de ta faute,
T'es fait de même, mais les chevaux,
T'as peur de ça.
À la fin, c'est plus toi qui fait la «run»,
C'est le cheval. Il va où il veut.
C'est rendu que les clients cherchent
Leurs bouteilles avec une boussole.
Tu perds ta job.
Alors un jour, en te promenant sur la Catherine,
Tu entres au bureau de poste pour te réchauffer un peu
Et qu'est-ce que tu vois-t'y pas sur le mur...
Une belle annonce avec écrit dessus:
«Engagez-vous dans l'armée.»
«C'est-y bête
J'aurais dû y penser avant.
L'armée... c'est parfait:
Logé, habillé... enterré...
Qu'est-ce que tu veux de mieux?»
Mais pour l'armée, il faudrait au moins
Que l'on te voie.
Et toi, au «pork and beans»,
Tu es devenu tellement maigre
Qu'on te voit plus.
Y faudrait que les Chinois te cherchent
Pour te tuer.
Ça fait que là, t'es poigné!
Tu sais plus quoi faire.
Alors, tu prends cinq cennes
T'achètes le journal,
Tu regardes les annonces classées.
À part livrer les paquets,
Comme tu sais rien faire,
C'est à ce moment-là que tu réalises

Que tu t'appelles «Jos Laframboise».
Là, ça veut dire quelque chose au moins.
Tu dois ta chambre, t'as rien à manger...
Tu le sais en maudit comment tu t'appelles.
Et puis, t'as beau courir, faire n'importe quoi,
T'as toujours ton nom qui te suit,
Et c'est plus rien que quelques lettres,
C'est toi.
C'est toi qui as faim et qui as pas d'ouvrage.
C'est toi qui sais rien faire
Parce qu'on t'a jamais rien montré.
Maintenant il est trop tard pour apprendre
Quoi que ce soit.
Pas le temps!
Il faut marcher,
Le pain, ça s'achète.
Tout à coup tu as une idée... tu te dis:
«Tiens... je vais m'essayer.
Pourquoi pas?
Je m'en vais marier une femme riche.
On voit ça des fois dans le journal,
Des gars qui marient des femmes riches!»
T'empruntes cinquante cennes à un chum,
T'achètes des lames de rasoir,
Tu te fais la barbe comme il faut,
Et tu vas te promener dans les beaux quartiers.
Tout à coup, la chance de ta vie.
Une belle femme en manteau de vison
Qui échappe sa sacoche.
Les jambes à ton cou,
Tu cours pour aller la ramasser
Mais tu t'enfarges...
Béding, bédang.
Et tu tombes aux pieds de la dame,
Les deux mains sur la sacoche.
Forcément, la pauvre dame elle a peur
Elle crie: «Au voleur, au voleur!»
On t'arrête.

Comme tu habites à l'autre bout de la ville,
On te demande ce que tu fais dans ce quartier-là,
Tu sais pas quoi répondre...
On te met en prison.
Le soir, dans les journaux, on écrit:
«Monsieur Jos Laframboise
Condamné pour avoir attaqué une dame.»
Jos Laframboise, c'est toi ça.
Et les gens savaient même pas que tu existais.
Et puis... à part ça,
Qu'est-ce que tu penses que ça leur fait?

Raymond Lévesque et Lawrence Lepage.
Crédit photo: Ronald Labelle

Raymond Lévesque et Benoît Marleau.
Crédit photo: Ronald Labelle

Théâtre

Pendant onze ans, Raymond Lévesque a présenté des spectacles à La Butte à Mathieu.
Crédit photo: Ronald Labelle

L'engagement social a toujours laissé une large place à l'humour...
Crédit photo: Ronald Labelle

Ainsi soit-il

Pièce en deux actes

1er Acte

LE SIÈCLE

Chant

Ah! que viennent les jours d'amour,
Les jours d'amour,
À tous les jours,
Que de l'amour,
Que de l'amour,
À tous les jours,
Et pour toujours.

Ah! que viennent les jours d'amour,
Les jours d'amour,
À tous les jours,
Plus de cœurs lourds,
Que de l'amour,
Aux alentours,
Et pour toujours.

Ah! que viennent les jours d'amour,
Les jours d'amour,
À tous les jours.

(Un homme cherche quelque chose. Quelqu'un s'approche.)

MARIO

— Que cherchez-vous, monsieur?

HOMME

— Le siècle, monsieur.

MARIO

— Vous ne le trouverez pas, monsieur.

HOMME

— Pourquoi?

MARIO

— Parce qu'il est rendu aux chiottes. AUX CHIOTTES. Aux chi-chi-chi-chi-ottes. Aux chi-chi-chi-chi-ot-ot-ot-tes.

HOMME

— Êtes-vous malade?

MARIO

— Justement, monsieur. J'étais de ce siècle.

HOMME

— Mais il n'est pas fini.

MARIO

— Quoi! Il n'est pas fi-fi-fi-fi-ni?

HOMME

— Mais non.

MARIO

— Mer-er-er-er-de.

HOMME

— Mais, enfin, êtes-vous tombé sur la tête?

MARIO

— Vous connaissez quelqu'un qui a vécu ce siècle et qui est resté normal?

HOMME

— Vous avez raison.

MARIO

— C'était un siècle de fou-ou-ou-ou-ous.

HOMME

— Oui-i-i-i-i.

MARIO

— Qu'a-qu'a-qu'avez-vous?

HOMME

— Je-je-je-je-je-je...

MARIO

— Je-je-je-je quoi?

HOMME

— Je-je-je ne sais pas.

MARIO

— C'est la pollution, monsieur. À force de respirer toutes sortes d'émanations empoisonnées, nous avons tous capoté. Que faisiez-vous dans ce siècle?

HOMME

— J'étais vendeur.

MARIO

— Et que vendiez-vous?

HOMME

— N'importe quoi. Ce siècle, c'était n'importe quoi, n'importe quand.

MARIO

— Mais, entre autres?

HOMME

— Des automobiles.

MARIO

— Ah, c'est vous?

HOMME

— Je n'étais pas le seul.

MARIO

— Assassin.

HOMME

— Pourquoi?

MARIO

— Mais la couche d'ozone... l'effet de serre... c'est vous.

HOMME

— Je n'étais pas le seul.

MARIO

— N'essayez pas de vous disculper. Il suffit d'un seul. Rappelez-vous le péché d'Adam.

HOMME

— Peut-être qu'il était seul; mais dans ma ligne, nous étions nombreux.

MARIO

— Des assassins... tous des assassins!

HOMME

— On ne pouvait pas savoir.

MARIO

— Comment! C'était écrit partout: l'automobile, le plus grand pollueur.

HOMME

— On avait assez de problèmes à fourrer le monde sans en plus lire des livres scientifiques. Dans le fond, tout ça, c'est de la faute à Henry Ford.

MARIO

— Vous avez raison. Ce crétin... qui se croyait un génie quand il ne savait même pas ce qu'il faisait. Ce moteur à pistons, cette essence, cet oxyde de carbone... azote... enfin, c'était criminel.

HOMME

— Hélas... nous nous en sommes aperçus trop tard.

MARIO

— Et maintenant toutes ces maladies dégénératives: la sclérose en plaques, l'alzheimer... plus le cancer. Tout le monde en meurt.

HOMME

— Que voulez-vous... la pollution... la cigarette!

MARIO

— La cigarette! C'était une époque d'assassins. Tout ce qui se fabriquait était un poison en puissance. Ah, j'ai hâte à ce jugement dernier. Que cela se règle une fois pour toutes!

HOMME

— Et cette science... ce supposé progrès. Parlons-en! Ces savants, tous des ignorants, des fous.

MARIO

— C'est curieux que tout ce qu'ils fabriquaient se retournait contre l'homme.

HOMME

— Ils n'auraient jamais dû se mêler de rien. L'arbre de la connaissance. Rappelez-vous! «Méfiez-vous de l'arbre de la connaissance.» Tenez... ce Pasteur avec ses vaccins. Cela a donné quoi? De faire vivre ceux qui auraient dû mourir. La maladie, en somme, ce n'était qu'une sorte de test. Les plus forts survivaient et les autres crevaient. Mais avec son vaccin, il a tout faussé l'ordre de la nature. Résultat: la surpopulation.

MARIO

— Je me demande comment cela va finir.

HOMME

— Mal. Comment voulez-vous que cela finisse?

MARIO

— Tout cela à cause de l'argent.

HOMME

— Ah oui! L'argent, ce chancre du monde.

MARIO

— Tous les gens ne pensaient plus qu'à ça; se volaient, se mentaient, se trompaient, dressés les uns contre les autres. Il n'y avait plus d'amis, de frères; que l'hypocrisie et les intérêts.

HOMME

(Un temps.)
— Les fausses valeurs: la réussite, l'enrichissement, le prestige... et chacun pour soi. Je me souviens, mon voisin... sa tondeuse. J'avais

voulu lui emprunter. «Jamais», m'avait-il dit. «C'est ma tondeuse, mon gazon, ma maison, ma femme.»

MARIO

— L'égoïsme... toujours... partout. Alors qu'avez-vous fait?

HOMME

— Je me suis vengé. Comme je ne pouvais pas lui prendre son gazon, sa maison, j'ai pris sa femme. Il y avait rien d'autre.

MARIO

— Il l'a su?

HOMME

— Pas vraiment. Il s'en doutait... mais n'a jamais pu nous coincer. C'était là ma vengeance. Le doute... c'est terrible. Ça vous obsède jour et nuit. Vous ne pouvez plus dormir... ni manger. Ah, je le tenais bien!

MARIO

— Mais enfin... comment faisiez-vous?

HOMME

— C'est qu'il était directeur d'une grande usine. Il fallait bien qu'il y soit; et il ne pouvait pas y emmener sa femme. Alors il travaillait dans l'angoisse la plus totale. Il est devenu fou.

MARIO

— Alors vous avez pris sa femme.

HOMME

— Non. C'était une folle. D'ailleurs la folie était partout. Il n'y a jamais eu qu'un seul problème dans ce monde et c'était la folie. Tous les hommes étaient fous. Cet amour de l'argent, ce besoin de possession, mais c'était de la folie totale!

MARIO

— Je suis bien d'accord. Et la violence. Tous ces soldats dressés à tuer; se jetant les uns contre les autres, se tirant dessus, mais c'était de la folie pure!

HOMME

— Et que se tiraient-ils? Du plomb. Vous vous rendez compte! Du plomb. Ils se garrochaient du plomb. Ce furent d'abord des pierres, après des flèches, pour finir avec du plomb. L'homme était un fou, la démence totale.

MARIO

— Le pire c'est qu'il se croyait intelligent.

HOMME

— C'était un aveugle. Complètement aveuglé par son orgueil. Le moindre cheval avait plus de cocologie, de jugement que lui. Ah, si les chevaux avaient pris le pouvoir... comme tout aurait été beau!

MARIO

(Un temps.)
— Ah, ce siècle... je m'en souviendrai.

HOMME

— Dites-vous bien que les autres n'ont guère été mieux.

MARIO

— Je m'en doute. Mais pourquoi l'homme n'a-t-il jamais évolué moralement?

HOMME

— C'est ce que j'aimerais bien savoir.

MARIO

— Toutes ces guerres... ces tueries... ces massacres: Hitler... Staline... Pol Pot... et cette bombe atomique.

HOMME

— Ah, la bombe! Quelle merveilleuse invention... C'est là notre seul espoir.

MARIO

— Ce qui veut dire?

HOMME

— De disparaître pour toujours. Fini les folies. Que l'on n'en parle plus jamais.

MARIO

— Vous avez peut-être raison. Pourquoi tout cela?

HOMME

— Ne cherchez pas de sens à la vie, monsieur, il n'y en a pas. Pour en trouver un, il faut chercher dans un autre monde, dans l'au-delà. Il y a peut-être là une réponse. Voyez ce millénaire qui s'achève. J'ai bien dit «millénaire». Un siècle, c'est vraiment trop petit. Alors, que voyons-nous dans ce millénaire écoulé? Non seulement des assassins, mais aussi des grands philosophes, des hommes pieux, qui ont tous parlé de la prière. Les seuls qui ont eu une vie digne et passablement heureuse sont ceux qui ont prié. Alors prions...

(*Sur un ton qui ne permet pas de réplique.*)

— À genoux.

(*Ils s'agenouillent. Récitant.*)

— Je vous salue, Marie, pleine de grâce,
Le Seigneur est avec vous
Vous êtes bénie entre toutes les femmes
Et Jésus, le fruit de vos entrailles, est béni.
Sainte Marie, mère de Dieu,
Priez pour nous, pauvres pécheurs,
Maintenant et à l'heure de notre mort.
Ainsi soit-il.

(*Ils se relèvent.*)

— Vous ne sentez pas comme une paix qui vous a envahi?

MARIO

— Oui... c'est juste.

HOMME

— La prière, mon ami, la prière, c'est la paix du cœur, de l'âme, le bonheur.

MARIO

— Oui, effectivement, je me sens mieux.

(Un temps.)

— Mais il y a une chose qui m'intrigue.

HOMME

— Allez... je vous écoute.

MARIO

— C'est cette mère de Dieu qui me chicote. Puisque Dieu est éternel, comment peut-il avoir une mère?

HOMME

— Mais, monsieur, Dieu, il fallait bien qu'il commence quelque part. Vous avez bien eu une mère vous aussi.

MARIO

— Oui, mais moi je ne suis pas éternel. Je suis arrivé à un moment précis.

HOMME

— Écoutez... l'éternité, c'est ce qui ne finira jamais. Mais il a bien fallu qu'elle commence quelque part. Alors le début de toutes choses, ce fut d'abord la mère.

MARIO

— Et le père?

HOMME

— Il n'y en a pas eu. Ce fut, je dirais, un genre de grossesse nerveuse.

MARIO

— Mais enfin, la mère, d'où venait-elle?

HOMME

— De quelque part. C'est un mystère. Tout vient de quelque part et tout est mystère. Ainsi lorsque vous recevez votre avis d'imposition, d'où vient-il? De quelque part. Qui vous l'a envoyé? Un employé du ministère des Impôts. Mais lequel? Mystère. Ainsi quand vous faites une commande à l'épicerie et que le livreur est noir. Pourquoi? Mystère. Cela pourrait bien être un Blanc, un Rouge ou un Jaune. Pourquoi? Mystère. Et d'où vient-il, ce Noir? De quelque part. Est-ce Haïti? Est-ce la Jamaïque, la Mauritanie? Mystère.

MARIO

— Mais on n'a qu'à lui demander.

HOMME

— Jamais, monsieur. Il ne faut jamais rien demander à personne. Vous risquez alors de vous embarquer dans des histoires dont vous vous ne vous doutez même pas. Il ne faut jamais chercher à savoir.

MARIO

— Alors que faut-il faire?

HOMME

— Il faut prier, monsieur, prier. Surtout quand on rencontre un étranger; prier que le ciel ne nous tombe pas sur la tête. Prions.

(*Ils s'agenouillent. Récitant.*)

— Notre Père qui êtes aux cieux,
Que votre nom soit sanctifié,
Que votre règne arrive,
Que votre volonté soit faite sur la terre comme au ciel.
Donnez-nous aujourd'hui notre pain quotidien
Et pardonnez-nous nos offenses
Comme nous pardonnons à ceux qui nous ont offensés.
Ne nous induisez pas à la tentation
Mais délivrez-nous du mal.
Ainsi soit-il.
(*Ils se relèvent.*)

MARIO

(*Un temps.*)
— Écoutez, pour le bonheur, qu'en pensez-vous?

HOMME

— Le bonheur, tel qu'il a été enseigné, est dans le renoncement. Il faut savoir renoncer à tout: la richesse, les ambitions et même le bonheur. Vous me comprenez? Le bonheur, c'est d'abord de renoncer au bonheur. N'est-ce pas extraordinaire?

MARIO

— C'est fort.

HOMME

— Le renoncement... voilà la solution. Montrez-moi votre portefeuille.
(Il sort son portefeuille de sa poche arrière.)
C'est bien. Est-ce que vous avez renoncé à tout?

MARIO

— Bien...

HOMME

— C'est parfait.
(Il le met dans sa poche.)

MARIO

— Mais...

HOMME

— Vous avez renoncé ou pas?

MARIO

— Oui, mais enfin...

HOMME

— Alors oubliez-le. Priez... Dieu vous en donnera un autre. N'est-ce pas extraordinaire, le renoncement? Vous ne vous sentez pas plus léger?

MARIO

— Vous voulez dire «allégé».

HOMME

— Mais ce dont on est allégé nous rend plus léger. C'est le gros bon sens. Continuons. Que me disiez-vous, déjà?

MARIO

— Je ne sais plus.

HOMME

— Vous me semblez troublé.

MARIO

— C'est que je n'ai pas beaucoup d'argent.

HOMME

— Bravo, monsieur, je vous félicite. L'argent est un fléau. Moins on en a, plus on est heureux. Voyez tous ces gens qui haïssent, s'entre-déchirent, se volent, se tuent pour de l'argent. Mais, monsieur, l'argent c'est le malheur du monde! Vous dites que vous n'en avez plus. Encore bravo! Vous êtes sur le bon chemin.

MARIO

— Mais comment vais-je manger, payer mon loyer?

HOMME

— La Providence, je vous l'ai dit, confiez-vous à la Providence. Voyez les petits oiseaux du ciel. Est-ce qu'ils ont de l'argent? Non. Rien du tout. Pourtant ils mangent tous les jours.

MARIO

— Mais je ne suis pas un petit oiseau!

HOMME

— Nous le sommes tous, mon ami. Tous de jolis moineaux.

MARIO

— Et vous, vous n'avez pas d'argent?

HOMME

— Non, monsieur. Enfin je n'en ai pas beaucoup puisque vous m'avez dit que vous n'en aviez pas beaucoup.

(Un temps.)

Et vous devriez avoir honte, monsieur. Moi qui suis déjà pauvre vous me refilez... attendez...

(Il sort le portefeuille de sa poche et compte combien il y a d'argent.)

... quatre dollars. Vous n'avez pas honte? Ce n'est même pas de la charité... c'est une sorte de fourberie. Quatre dollars!

MARIO

— Je sais, je ne suis pas riche moi non plus. Mais enfin je comptais dessus pour manger un peu...

HOMME

— Manger un peu? Quatre dollars! Mais vous n'allez manger rien du tout! Et votre loyer... ce n'est pas avec quatre dollars que vous allez le payer. Vous êtes bien mieux de vous fier à la Providence. Vous rendez-vous compte que je vous rends service. Je vous confie à Dieu. Tout peut vous arriver... Tout est possible. Tandis qu'avec vos quatre dollars en poche, il se dirait: «Il a quatre dollars... ça va...» et passerait à un autre.

MARIO

— Mais, vous, qu'allez-vous faire avec mes quatre dollars?

HOMME

— Je vais les donner à un autre pauvre, sans ça je risque que la Providence m'ignore aussi. Vous comprenez? C'est scientifique.

MARIO

— Vous voulez dire... mathématique.

HOMME

— Ne me parlez surtout pas des mathématiques! Comme l'argent... c'est le malheur du monde. D'ailleurs, les deux vont de pair. Adam, savez-vous ce qu'il était? Un mathématicien. C'est lui qui a inventé un plus un égale deux. Ce fut le début du grand bordel. Mais ce un plus un, vous avez vu ce que cela a donné? Une planète surpeuplée.

Des milliards d'individus. Et ces fortunes. Tout cet argent accumulé; sans ce un plus un, cela n'aurait jamais existé... Et toute cette science qui risque de détruire le monde, sans ce un plus un, rien de cela n'aurait été possible. Je vous le dis monsieur, les mathématiques, comme l'argent, c'est le malheur du monde! Et le malheur, c'est l'injustice. Pas autre chose. L'injustice et le crime. Voyez toutes ces armées qui ont assassiné tant de gens, brûlé des villes, détruit des pays. Sans ce un plus un, comment auraient-ils pu former toutes ces armées criminelles? Et ces années... ces siècles! À quoi sert tout ce temps accumulé, si ce n'était que pour ajouter des malheurs et des souffrances infinies. Il n'aurait dû y avoir qu'une seule année, celle de la création, et que deux êtres, Adam et Ève. Aussitôt que les mathématiques s'en sont mêlées, ce fut le bordel. Vous l'avez devant vos yeux avec ce millénaire qui s'achève, fait de tueries, de malheurs et d'injustice.

MARIO

— Mais, maintenant, que faut-il faire?

HOMME

— Ne plus penser, monsieur, oublier tout et prier.

Claude Michaud, Lise Thouin et Raymond Lévesque.
Crédit photo: Ronald Labelle

Moment de pause à La Butte à Mathieu.
Crédit photo: Ronald Labelle

À l'occason du référendum...
«On veut savoir»

Comédie en deux actes

1er TABLEAU du 2e ACTE

(Un salon: divan, fauteuils, plus un piano.)

PÈRE

— Non!

MÈRE

— Que t'es donc peureux.

ROLAND

— Ben oui papa, vous manquez de confiance. Il faut foncer dans la vie, sans ça on n'a jamais rien.

PÈRE

— Moi j'ai été prudent toute ma vie et je vais continuer comme ça. L'aventure, pas pour moi. On sait jamais où c'est qu'on s'en va avec l'aventure. La plupart des grands aventuriers se sont cassé la gueule.

ROLAND

— Peut-être, mais si Christophe Colomb avait pas pris une chance, y'aurait jamais eu d'Amérique. Pis Jacques Cartier, Maisonneuve, Champlain, d'Iberville...

PÈRE

— Pas besoin de te fatiguer, je connais le nom de mes rues.

MÈRE

— En tous les cas, il a raison, quand on risque rien, on n'a rien.

PÈRE

— Non, je dis non, pis ça finit là.

ROLAND

— Mais il y en a des millions au Québec qui ont pas peur de s'embarquer.

PÈRE

— C'est pas parce que tout le monde va se jeter à l'eau que je suis obligé d'y aller!

MÈRE

— Que t'es donc branleux.

ROLAND

— Oui, maman a raison. C'est toujours ce qui nous a fait le plus de tort, les Québécois, cette peur du risque. Alors on hésite tout le temps, on est incapables de prendre une décision pis on rate le bateau.

PÈRE

— «Bateau», justement, «bateau», c'est le bon mot, on sait jamais s'il va pas couler, le bateau.

MÈRE

— Mais il y en a beaucoup de bateaux dans le monde, pis ils coulent pas tous!

PÈRE

— Non, mais ils pourraient. J'aime mieux pas prendre de chance.

MÈRE

— Mais puisqu'on te dit qu'il y a pas de problème, que c'est du sûr.

PÈRE

— Je me fie à personne. Mon père me l'a toujours dit: «Fie-toi à personne. Plus ils parlent bien, plus c'est dangereux», qu'il disait. Plus ils te diront: «Y'a pas de danger», plus tu devras te méfier. La famille surtout, qu'il me disait; méfie-toi de la famille. Toute! Les oncles, les tantes, les cousins, les beaux-frères. Toute! Ils vont toujours essayer de t'entraîner dans quelque patente. Ça fait que je me méfie. «Méfie-toi même de toi-même», qu'il me disait. Ça fait qu'avant d'ouvrir une porte, la bouche ou mon portefeuille, je me regardais dans le miroir pour être sûr si j'étais pas après me fourrer dans quelque chose. Méfiant comme moi, y'en a pas deux. Ça fait que quand même vous me diriez n'importe quoi, vous m'aurez pas comme ça.

ROLAND

— Ben, nous autres, les jeunes, on est pas de même. On a confiance, on fonce, pis on passe pas toute notre vie recroquevillé, à se méfier de tout et chacun. Votre père vous a pas rendu service.

PÈRE

— Les jeunes, ça va ben, vous commencez dans la vie. Forcément vous avez peur de rien puisque vous savez rien. Mais attendez de recevoir quelques claques sur le museau, vous allez voir que vous allez devenir plus prudents.

MÈRE

— En tout cas, Théophas, si t'avais pas toujours été si méfiant, si t'avais pas toujours eu peur de tout, on aurait eu une autre vie. Toutes ces choses qu'on aurait pu faire. Ces voyages. Regarde, aujourd'hui on est vieux, toute la vie derrière nous, mais le tonnerre nous est jamais tombé sur la tête. Pourtant on a passé notre vie à l'attendre.

PÈRE

— Cela aurait pu arriver. Moi j'aimais mieux pas prendre de chance.

MÈRE

— Moi, je dis que les jeunes ont raison. Pourquoi toujours attendre toutes sortes de malheurs, pis passer sa vie à se méfier? Il vaut mieux avoir confiance et pis foncer.

ROLAND

— En tous les cas, moi, c'est ce que je vais faire. S'il m'arrive quelque chose, tant pis! Moi je suis pas pour passer ma vie à m'embarrasser en cas que...

PÈRE

— En tous les cas, moi, je suis trop vieux pour changer.

ROLAND

— Voyons donc, vous êtes donc pas à la mode. Aujourd'hui, tous les vieux changent. Ça fait du ski, ça apprend la danse, le piano, n'importe quoi. Ça vit, ça fonce...

MÈRE

— Ben oui, le piano! Pourquoi t'apprendrais pas le piano? Ç'a été le plus gros regret de ta jeunesse.

PÈRE

— Le piano! Je suis trop vieux.

ROLAND

— Ben non. Moi j'ai lu qu'il y a des gens qui ont commencé à apprendre le piano à soixante-dix ans.

PÈRE

— Ça devait être un vieux piano.

ROLAND

— Tout est possible, papa.

MÈRE

— Comme tu prends ta retraite l'an prochain, tu pourrais t'embarquer là-dedans!

ROLAND

— On sait jamais, vous pourriez peut-être faire une carrière.

MÈRE

— Comme Liberace.

PÈRE

— Voyons donc, je suis trop vieux.

MÈRE

— Ben, veux-tu, je vais te dire une affaire. Y'est pas si jeune que ça Liberace. Paraît qu'il a dans les soixante ans. Mais il se met des perruques, il se poudre.

ROLAND

— On vous mettra une perruque, papa.

MÈRE

— Pis je te mettrai de la poudre.

PÈRE

— Moi, un travailleur, un honnête père de famille, une perruque et pis de la poudre? Êtes-vous après devenir fous!

MÈRE

— Ben, sans te mettre une perruque et pis de la poudre, tu pourrais faire comme Dédé Gagnon.

ROLAND

— C'est vrai.

MÈRE

— Il paraît qu'André Gagnon y'a commencé à apprendre le piano quand y'était déjà plus jeune.

PÈRE

— Voyons donc, c'est encore une jeunesse, André Gagnon!

MÈRE

— C'est pas vrai. Moi y'en a qui m'ont dit que sur la scène, avec les éclairages, il fait jeune; mais paraît qu'en coulisse, il fait peur. Dans les cinquante qu'on lui donne.

PÈRE

(*Froissé.*)
— Pis cinquante ans, c'est pas si vieux que ça!

ROLAND

— Je le sais ben, papa. C'est pourquoi je vous dis que vous devriez arrêter d'avoir peur pis de toujours vous accrocher à vos vieilles idées. Il faut foncer.

MÈRE

— Alors, tu vas dire «oui».

PÈRE

— Non.

ROLAND

— Maudit, papa!

MÈRE

(*À Roland.*)
— O.K., insiste pas, on prendra pas l'avion pour la Floride. On va y aller à pied.

(Noir)
(*Dans le salon.*)

GERMAINE

— Vous comprenez, monsieur Henri, il faudrait que vous vous décidiez.

HENRI

— C'est difficile.

GERMAINE

— Ça fait déjà trois ans qu'on se connaît, je peux pas attendre toute ma vie. Les années passent, je rajeunis pas.

HENRI

— Pour moi, vous serez toujours la plus jeune et la plus belle.

GERMAINE

— Je veux bien croire mais va falloir que ça aboutisse quelque part.

HENRI

— On se voit trois fois par semaine, le samedi on va aux vues. Des fois, le dimanche, au restaurant. Je vois pas ce que l'on peut désirer de mieux.

GERMAINE

— C'est beau, c'est parfait, mais les fréquentations, ça peut pas durer toute la vie! À un moment donné, il faut prendre une décision.

HENRI

— Moi, l'aventure...

GERMAINE

— Comment, l'aventure! Ça fait trois ans qu'on se connaît.

HENRI

— C'est pourquoi que je me dis que je vois pas pourquoi on garderait pas ça de même.

GERMAINE

— Ç'a pas de bon sens! On peut pas continuer de même, déjà qu'on est vieux jeu!

HENRI

— Comment ça, on est vieux jeu?

GERMAINE

— Voyons, monsieur Henri, arrivez en ville. Les jeunes aujourd'hui, ça se fréquente six mois, pis envoye donc!

HENRI

— Oui, on sait ben, mais après c'est tout de suite le divorce.

GERMAINE

— Mais nous, après trois ans, y'a pas de danger, on se connaît assez bien.

HENRI

— Quand même, on sait jamais. Mon oncle Alfred, qui s'est marié trois fois, me l'a toujours dit: «C'est tout le temps une aventure.»

GERMAINE

— Mais toute la vie est un risque. Tout le monde prend des chances!

HENRI

— C'est justement, moi j'aime pas ça. Ça va ben de même et je vois pas pourquoi il faudrait changer absolument.

GERMAINE

— Mon Dieu que vous êtes donc peureux, monsieur Henri! Je m'en vais pas vous manger! Après tout, c'est pas compliqué, c'est pas la fin du monde! Un petit «oui» pis c'est fini.

HENRI

— C'est justement «pis c'est fini» que j'aime pas.

GERMAINE

— Je voulais dire «pis c'est tout».

HENRI

— C'est pas mieux. En tous les cas, mon oncle, qui s'est marié trois fois, me l'a toujours dit: «Un petit "oui", ça peut mener loin.»

GERMAINE

— «Oui», y'a rien là! C'est le mot le plus courant. On passe sa vie à dire «oui»!

HENRI

— Oui, pis on se fait organiser aussi. Moi j'aime mieux le «non». Il me semble que c'est plus prudent.

GERMAINE

— Mais monsieur Henri, «oui», c'est toute la vie. C'est le progrès, c'est l'avancement, c'est Christophe Colomb, Jacques Cartier, Maisonneuve, Champlain, d'Iberville...

HENRI

— Je connais mes blocs-appartements.

GERMAINE

— Toujours, il y a eu des hommes qui ont dit «oui» et c'est comme ça que le monde a évolué. Même la foi, c'est un «oui» à l'inconnu, au mystère...

HENRI

— Je suis pas croyant.

GERMAINE

— Le «non», c'est la peur, la reculade, la nuit; des continents perdus, des projets qui s'écroulent, la face cachée de la lune qu'on n'aura jamais vue. Le «non», c'est le chemin de l'erreur, de la paresse, de la facilité, du chaos. Tous les grands hommes ont toujours dit «oui».

HENRI

— Je sais bien, les grands hommes, ils sont inconscients. Ils savent jamais ce qu'ils font. Nous, les petits, on est plus prudents.

GERMAINE

— Mais dans toute grande action il y a un peu d'inconscience. Si on se mettait toujours à tout calculer, on ferait jamais rien!

HENRI

— Mais il y a une chose qui m'étonne, mademoiselle Germaine, c'est que vous autres les femmes, vous dites toujours «non».

GERMAINE

— Mais non!

HENRI

— Oui. Toutes les femmes m'ont toujours dit «non», même vous, mademoiselle Germaine.

GERMAINE

— Si j'ai dit «non» c'est pour mieux vous dire «oui».

HENRI

— Je le sais pas mais, pour moi, non c'est non.

GERMAINE

— Vous savez très bien, monsieur Henri, que je pouvais pas dire «oui».

HENRI

— Mais c'est plein de femmes qui disent «oui».

GERMAINE

— Des femmes de bas étage, sans morale, des guidounes! Je ne suis pas de celles-là!

HENRI

— Alors si je dis «oui», je vais devenir une sorte de guidoune?

GERMAINE

— Vous allez devenir mon mari.

HENRI

— Mon oncle qui s'est marié trois fois me l'a toujours dit: «Quand on dit "oui", on devient comme une grosse guidoune: on fait plus rien que travailler pour ramener de l'argent.»

GERMAINE

— Mais il y a toutes sortes de «oui». Des «oui» irréfléchis, des «oui» perfides, des «oui» erronés, mais le «oui» du mariage est sacré. C'est autre chose.

HENRI

— Ce sont les curés qui ont dit ça; mais vous remarquerez une chose, ce «oui»-là, ils le prononcent jamais.

GERMAINE

— Quel que soit le «oui», il est toujours plus courageux que le «non» et va toujours dans le sens de la vie! Un «oui», c'est positif, c'est plein de confiance et d'espoir.

HENRI

— Je veux bien croire, mais il y en a qui finissent mal.

GERMAINE

— Cela peut arriver, mais il ne faut pas avoir peur de la vie. Et puis il ne faut pas oublier que le «oui», c'est aussi l'amour. L'amour de Dieu, l'amour de ceux qu'on aide, l'amour de son prochain. Celui qui ne sait dire «oui» ne peut pas aimer. Je crains que nous ayons perdu notre temps, monsieur Henri. Je croyais que vous m'aimiez!

HENRI

— Mais je vous aime, mademoiselle Germaine!

GERMAINE

— Vous avez trop peur pour aimer. La peur tue tout. Je vais m'en aller.

HENRI

— Mademoiselle Germaine...

GERMAINE

— Je reviendrai peut-être, mais il faudrait que vous preniez une décision. Je ne pourrai pas attendre toute ma vie. Adieu!

HENRI

— Mademoiselle Germaine...

(*Elle quitte le salon. Henri se lève, tout penaud et déclame son monologue.*)

Ah s'il y avait moyen de vivre
sans toujours s'engager, se pogner,
s'embarquer.
Il faut toujours dire «oui» quelque part.
Pis des fois ils vous demandent même pas
votre avis.
C'est comme pour l'impôt, ils veulent rien
savoir de ce que vous pensez.
C'est «oui», ça finit là.
J'avais un oncle qui avait dit «non»,
le trouble qu'il a eu, c'est pas possible!
D'abord, ils lui ont écrit.
Faut leur donner ça, ils sont polis.
Plusieurs lettres sur du beau
papier; des belles enveloppes avec un
en-tête: ministère du Revenu.
Pis des lettres enregistrées.
Pas n'importe quelles lettres!
Il fallait que le facteur sonne, qu'on
lui ouvre la porte, qu'on signe.
Les voisins étaient jaloux.
Qu'est-ce que ça veut dire que, nous autres,
le gouvernement nous écrit pas?
Mais ils payaient eux autres.
Pour recevoir une lettre du gouvernement
enregistrée, il faut être un peu
révolté, ou alors lui baiser le derrière.
Ce sont les seules choses qui peuvent
vous valoir une lettre du gouvernement.
Tout à coup mon oncle a décidé de ne
plus signer la lettre du facteur.

Pas de signature, pas de lettre.
Pas de lettre, on peut pas savoir
ce qu'ils veulent, pas de problèmes.
Ça fait que le bureau de poste a envoyé
sa brigade volante contre les têtes dures.
Un gars en bicycle, un homme-grenouille,
pis un hélicoptère.
Ça fait que où allait mon oncle ils pouvaient
le pogner.
S'il allait au magasin, le gars en bicycle
arrivait: «Monsieur Dubé, une lettre enregistrée!»
Ça fait que là mon oncle partait à courir.
Le gars le suivait en bicycle.
Mon oncle montait un escalier, le gars grimpait.
Mon oncle entrait dans n'importe quel appartement,
chez des gens qui étaient en train de manger,
faisait le tour de la table, prenait le bonhomme
comme bouclier, ou la bonne femme, montait
sur le frigidaire, faisait le tour du bain,
grimpait dans le puits d'air, courait sur le
toit de la maison, sautait d'une cheminée à
une autre, le gars suivait toujours, en bicycle.
Ils sont bons sur le bicycle, les spéciaux du
bureau de poste!
Ils peuvent faire le tour d'un piano, descendre
un escalier en colimaçon, passer sur une corde
à linge, n'importe quoi, en bicycle, pis ça
les dérange pas!
C'est pourquoi, à un moment donné, ils ont
des promotions, très très près du bureau
du premier ministre.
Ben quand on est capable de passer n'importe
où en bicycle, on est ben capable de patiner
dans n'importe quoi!
C'est précieux pour un gouvernement.
Surtout, des fois, quand il s'accroche
au pouvoir.
Ça prend des gars qui sont capables

d'être noirs en avant, blancs en arrière,
avec une culotte à deux flys pis des
pieds qui peuvent changer d'idées comme ça.
Quand l'homme en bicycle réussissait pas à
faire signer mon oncle, il passait ça à
l'homme en hélicoptère avec la grande échelle
de corde.
Ça c'est maudit, la grande échelle de corde!
Mon oncle n'était plus tranquille.
À tout moment il avait l'échelle au-dessus de la tête.
Quand il était au petit coin, quand il buvait
en cachette dans le parc, ou quand il sortait
avec la voisine d'en face.
Un gars a l'air intelligent, en pleine
action, tout à coup une échelle
de corde: «Monsieur Dubé, une lettre enregistrée.»
Quand l'hélicoptère suffisait pas, là ils envoyaient
l'homme-grenouille, celui qui peut
même passer par les tuyaux!
C'est de même qu'ils l'ont eu.
Un jour que mon oncle était à Saint-Pierre de Rome,
y'a une main qui est sortie d'un bénitier:
«Monsieur Dubé, une lettre enregistrée.»
Juste pendant la consécration!
Y'avait à peu près dix mille personnes.
Le pape s'est retourné.
Mon oncle avait l'air intelligent.
Y'ont fini par l'avoir.
La vie, c'est de même, veux, veux pas,
on est obligé de suivre, de s'enligner
ou de faire un choix.
Le choix, c'est ça le maudit problème!
Y'a pas moyen d'y échapper.
Rien que pour vivre il faut faire
un choix.
C'est pas facile de vivre.
On est jamais comme on voudrait être.
Pas assez grand ou assez beau ou assez ci

ou assez ça.
On voudrait jouer du piano quand on a pas
d'oreille.
Ou alors quand on joue du piano on voudrait
être marin, mais on a peur de l'eau.
L'idéal, dans ce cas, ce serait de mettre une
voile après le piano pis de voyager sur
la gamme du temps.
Mais encore là, il faudrait faire un choix.
Est-ce qu'on voyagerait sur une noire ou sur
une ronde?
Sur une ronde, le voyage serait plus long, mais
sur une noire, on en aurait quatre pour un.
Choisir, faut toujours choisir!
Y'a pas moyen d'y échapper.
Alors ça prend du courage.
Maudit que tout serait facile si tout venait
tout seul.
Mais non, y'a rien qui vient tout seul.
Y'a rien de facile, il faut du courage.
Toujours du courage.
Maudit que c'est fatigant, le courage!
Il faut faire des efforts, foncer, ou ben
arrêter, réfléchir.
Ça prend de l'énergie, toujours de l'énergie.
Ah oui, c'est fatigant, le courage.
S'il y en avait un autre, toujours un autre,
qui décidait pour nous autres, qui prenait
tout sur ses épaules.
Mais non, vos troubles, ils en veulent pas.
C'est votre argent qu'ils veulent.
C'est tout.
Rien que votre argent.
Le reste, y'a personne qui en veut.
Alors il faut porter son poids tout seul.
Du courage, il faut du courage.
Toute la vie.
Pour entreprendre, pour travailler, vivre

les jours.
Pis après, pour oublier, se pardonner, mourir.
Ah oui, y'a pas moyen de s'en sortir.
Vivre, c'est pas facile.
On est obligé de s'embarquer.
Y'a pas moyen d'y échapper.
Y'a toujours moyen de dire «non».
Mais plus souvent qu'autrement, c'est pire.
Ah oui. Germaine a ben raison,
C'est «oui» qu'il faut choisir, savoir se
lever, se tenir debout.

Deux mille ans après Jésus-Christ

1er TABLEAU du 2e ACTE

(L'oncle Arsène, très malade, est sur le déclin.)

ONCLE

— Ahhhh... je vais mourir...!

BERNARD

— Voyons, mon oncle!

ONCLE

— Y'a pas de «voyons»... Je vais mourir!

BERNARD

— On meurt pas nécessairement chaque fois qu'on se sent pas bien.

ONCLE

— C'est bien ça, le problème. Si on mourait tout de suite, chaque fois qu'on se sent pas bien, les choses seraient tellement plus simples.

BERNARD

— Ça serait peut-être bon que vous disiez une prière.

ONCLE

— Quossé ça?

BERNARD

— Une prière. Le bon Dieu.

ONCLE

— Ah, c'est vrai! Je l'avais oublié, celui-là. Faut dire que dans les clubs, je l'ai pas rencontré souvent. Mais je me rappelle plus trop comment.

BERNARD

— Répétez après moi: «Notre Père qui êtes aux cieux...»

ONCLE

— «Notre Père qui êtes aux cieux...»

(*S'arrêtant.*)

— Tabarnouche... y'est ben, hein? Aux cieux! C'est vrai! Nous autres on est ici à manger de la marde. Lui y'est aux cieux, tout confort. C'est écoœurant!

BERNARD

— Si vous continuez à parler de même, il va descendre.

(*On entend une voix tonitruante: «Je vais descendre.»*)

ONCLE

(*Apeuré.*)

— Pis... quand même qu'il commencerait à me faire du trouble... je suis déjà à moitié mort. À part de ça... il nous aime-tu ou il nous aime-tu pas?

BERNARD

— Il nous aime.

ONCLE

— Alors qu'est-ce qu'il a à toujours vouloir nous mettre en pénitence. C'est ça que j'ai jamais compris. À l'école, ils étaient toujours après nous dire qu'il allait nous punir. Ça fait que nous autres on savait plus! À la maison, on se faisait engueuler aussi. Dieu d'un bord... le bonhomme de l'autre. Après, ils s'étonnent si on a des problèmes de boisson.

BERNARD

— En tous les cas, mon oncle, avant de mourir, il vaut mieux de toujours se mettre en paix avec Dieu.

ONCLE

— Je lui ai rien fait, moi. C'est lui qui a commencé la chicane.

BERNARD

— En tous les cas, vous devez bien avoir quelques petits péchés sur la conscience...

ONCLE

— Ben sûr que j'en ai une couple.

BERNARD

— Alors il faut vous excuser.

ONCLE

— Non, je m'excuserai pas.

BERNARD

— Si vous voulez aller au ciel...

ONCLE

— J'irai pas, c'est tout. Mais je m'excuserai jamais. Moi je calcule que c'est lui qui nous a créés tout croches. Après il faudrait bien vivre... jamais faire de mal... quand on arrive avec la tache originelle. C'est pas de ma faute, moi, la tache originelle. Je suis arrivé avec... j'ai fonctionné avec. Si j'ai fait des péchés, c'est de sa faute. Quand on crée des êtres, il faut savoir ce qu'on veut.

BERNARD

— Moi, je peux pas donner réponse à tout. Je suis pas assez calé pour ça. Tout ce que je sais, c'est qu'il vaut mieux mourir en paix avec Dieu.

ONCLE

— Qu'il commence par venir s'excuser... je m'excuserai après.

(*Un silence.*)

Quand même, quand on sent la fin approcher, comme ça, on en jongle un coup. Toute la vie qui a passé si vite. Tout ce temps qu'on a perdu. Tu comprends, mon neveu? Le temps... on le perd. Toi t'es jeune... t'as encore toute la vie devant toi... Qu'est-ce que tu fais en ce moment? Tu perds ton temps.

BERNARD

— Moi, si je reste ici, c'est pour vous rendre service. Si vous aimez mieux, je peux m'en aller.

ONCLE

— Non, non... c'est pas ce que je veux dire. Un petit service est jamais perdu. On perd son temps à des niaiseries. Tu vois ce que je veux dire? C'est comme la chicane. Tout le monde se chicane. C'est du temps perdu. Après... ben des fois... on sait même plus pourquoi on se chicanait. Quand on commence une chicane, on devrait toujours avoir un chronomètre. C'est là qu'on se rendrait compte de tout le temps qu'on perd pour rien.

BERNARD

— C'est vrai. Vous avez raison.

ONCLE

— Et les ambitions. Tout ce temps que les gens perdent à vouloir devenir riches... célèbres... les premiers... les plus forts. Ils courent, s'essoufflent, se donnent du trouble... Pourquoi? Pour se réveiller au bout de tout ça pas plus avancés qu'avant. Tu comprends? En as-tu des ambitions, toi?

BERNARD

— Comme je vous disais... je sais pas trop où je m'en vais.

ONCLE

— Reste de même. C'est moins de trouble et peut-être que tu vas voir la vie. La vraie vie: la nature... les oiseaux... un coucher de soleil... les enfants qui grandissent. Ça c'est beau. Moi j'avais un oncle qui a passé toute sa vie à vouloir une brique d'or. C'était comme une obsession. Pendant vingt ans, y'a travaillé comme un maudit fou. Quand il l'a eue, y'avait un ulcère d'estomac... la moitié du corps paralysée et y'avait fait deux crises cardiaques. Sa vieille le mettait dans le milieu du salon et il se berçait en la regardant. C'est tout. Il pouvait plus rien faire d'autre. Ben c'est ça, les ambitions, mon neveu. Moi, je te souhaite de pas te poigner là-dedans.

BERNARD

— Je vais essayer.

ONCLE

— Et les regrets. C'est une autre affaire. Ça te poigne tout l'esprit et ça te gâche toutes tes journées. Toi... en as-tu des regrets?

BERNARD

(*Cherchant.*)

— Non...

ONCLE

— T'es ben niaiseux.

BERNARD

— C'est parce que j'ai rien fait.

ONCLE

— Pis tu le regrettes pas?

BERNARD

— Des fois...

ONCLE

— Alors tu vois, tu as des regrets.

BERNARD

— C'est vrai.

ONCLE

— Alors, tue ça tout de suite!

BERNARD

— Mais comment je vais faire quelque chose si je regrette pas d'avoir rien fait.

ONCLE

— Vaut mieux regretter d'avoir rien fait que de regretter quelque chose qu'on a fait et qu'on aurait pas dû faire... parce qu'on le regrette. Tu comprends?

BERNARD

(*Se grattant la tête.*)

— J'ai bien de la misère à m'enligner avec la vie. Je réussis pas à tout comprendre.

ONCLE

— Fais-toi-z-en pas, t'es pas tout seul. De toute façon, y'a rien à comprendre. C'est une histoire de fous, c'est tout. Une histoire de fous! De toute façon, ce sont eux qui mènent.

BERNARD

— Qui...?

ONCLE

— Les fous. Ils sont partout. Chaque fois que tu vois la photo d'un gars important, un ministre, un roi, un général, n'importe qui, sois convaincu que c'est un fou.

BERNARD

— Vous êtes sûr?

ONCLE

— Certainement. Des fous... tous des fous. Tout ce à quoi ils pensent, ça n'a pas d'allure. Des affaires d'argent... de pouvoir... de guerre. Toutes des histoires de fous. As-tu déjà vu un militaire avec un casque de fer sur la tête? Faut-y être malade! Un casque de fer. Même le plus épais des orangs-outangs aurait pas une idée pareille.

(*Riant.*)

Un casque de fer. Pourquoi? Parce qu'il faut se protéger. Te rends-tu compte! On a des bibliothèques remplies de livres savants, on a inventé le violon, le piano à queue, les vaccins contre la tuberculose; on a construit des cathédrales... les musées regorgent d'œuvres d'art... pis faut encore se mettre des casques de fer sur la tête pour se protéger. Tabarnouche...

(Il rit.)

(Un homme fait signe à Bernard de s'approcher, discrètement.)

HOMME

— Treblinka... tu te rappelles?

BERNARD

(Cherchant.)

— Treblinka...?

HOMME

— C'était pendant la guerre, en Pologne. Un million de juifs massacrés par des brutes qui les poussaient hors des trains... les battaient... leur coupaient les cheveux. Des montagnes de cheveux. Leur arrachaient leurs dents en or... leur prenaient tout... les dévêtaient... les enfermaient dans des chambres en béton et les gazaient.

BERNARD

— C'est affreux!

HOMME

— Mais Treblinka, il est partout.

BERNARD

— Hein?

HOMME

— Partout. Même ici au Québec.

BERNARD

— Où ça?

HOMME

— Nulle part. Mais va dans une taverne, un club de motards, un camp de soldats. Il y a là des hommes qui, si on leur ordonnait, feraient la même chose. Tueraient... tortureraient... gazeraient. Treblinka, il est ici et là... dans le cœur des hommes.

(Il disparaît.)

ONCLE

— Avant, on se garrochait des roches; maintenant, c'est du plomb, du fer. Tout ça pourquoi? Pour des affaires de politique, de patrie, de frontières, de gloire, d'honneur... Tout dans la tête. Tu comprends? Tout dans la tête.

BERNARD

— Vous pensez qu'on serait pas normaux?

ONCLE

— Je comprends! Je sais pas si tu le réalises vraiment... Un gars doux... tranquille... vendeur de balayeuses, qui tous les soirs regarde du sport à la télévision. Tout à coup, on vient le chercher. On lui met un fusil dans les mains, on le drille et il se retrouve dans un trou à tirer sur un autre comme lui. Ou alors un aviateur... tout ben peigné... en haut dans sa carlingue qui garroche des tonnes de dynamite sur des pauvres gens tapis dans leur cave. Il les connaît même pas... il les voit même pas. Ç'a-tu de l'allure? As-tu déjà vu un chevreuil monter dans une machine pour garrocher de la ferraille sur la tête d'autres chevreuils? Cela arriverait que les gens diraient que les chevreuils sont devenus fous. Pis as-tu déjà vu un ours se construire une usine pour détruire son propre environnement, en garrochant dans l'eau, dans l'air, de la potasserie... du bromure... du magnum... de la chiure, n'importe quoi, tellement qu'après il pourrait plus se baigner, serait obligé de filtrer son eau et mourrait de cinquante-six cancers. On dirait qu'il est malade. Ben, c'est tout ça qu'on fait, mon neveu. Une vraie histoire de fous... de malades mentaux.

(Il a une violente quinte de toux.)

BERNARD

— Mon oncle... vous allez vous faire mourir, là.

ONCLE

— Je le sais. Y' a rien comme se mettre à penser: ça tue. Moi j'ai un chum qui est mort comme ça. Il faisait de la politique: il courait... il s'énervait... il gueulait... montait sur des stages... les quatre fers en l'air... y'avait chaud... pis y'est mort. Surtout, fais jamais de politique... tu vas perdre ton temps pis tu vas te tuer.

BERNARD

— Je sais plus moi! Y'a un gars qui m'a dit l'autre jour qu'on doit avoir une conscience sociale... qu'on a tous une responsabilité... je sais plus...

ONCLE

— Laisse faire ça. Y'a peut-être raison... mais y'a rien à faire. Les fous sont trop nombreux. Ils sont partout... y'a rien à faire. T'as jamais le meilleur sur eux autres. De toute façon, vote «bleu».

Articles de presse

LITTÉRATURE
LES MOTS QUI HANTENT NOS MAUVAISES CONSCIENCES

par Réginald Martel
[*La Presse, 23 juin 1989, p. K3*]

Comme tout le monde, les poètes n'ont dans la vie que quelques obsessions. Les optimistes chantent le tendre amour ou les beautés de la nature. M. Raymond Lévesque n'est pas de ceux-là. Il est du camp des pessimistes, je dirais plutôt: des réalistes, qui observent dans la vie quotidienne des gens la présence acharnée du malheur.

Ses chansons, ses poèmes et ses monologues nous renvoient de l'homme québécois une image sombre. Cet homme souffre, il est sans défense contre les puissants et contre lui-même. Pour lui, le tendre amour n'est toujours qu'un rêve perdu; la nature, une beauté ancienne, défigurée par les pollueurs. Le temps qui passe sur tout détruit tout.

Qui n'a pas entendu «Quand les hommes vivront d'amour»? Presque toute l'œuvre de M. Lévesque est dans cette chanson. La nécessaire fraternité, pour partager la douleur. L'absurdité de la guerre, où ce sont toujours les mêmes qui se font tuer. L'amour qui pourrait sauver le monde mais l'amour n'aura pas lieu. Et si naissait enfin la fraternité, si l'amour triomphait, si les guerres finissaient? Alors...

Il n'y aura plus de misère
Et commenceront les beaux jours
Mais nous nous serons morts, mon frère.

On n'entre pas dans les cénacles littéraires avec de pauvres vers comme ceux-là. On va directement au cœur des gens, là où est leur trésor. M. Raymond Lévesque n'a jamais demandé plus. La Barre du jour ou Les Herbes rouges n'ont pas colloqué sur son art. L'eussent-elles fait, j'entends d'ici le beau rire d'enfant de ce poète naturel, naïf, généreux. Aux autres le génie, aux autres la notoriété.

Monsieur Balzac,
Parfois quand vous entriez tard,
Devant une page,
Vous passiez votre rage,
Et au petit matin
Vous aviez un bouquin.
C'est très bien d'avoir du génie,
Ça vous donne un but dans la vie.
Mais tous n'ont pas eu du talent.
J'espère que vous étiez content.

La poésie est populaire, sinon elle est autre chose. Dans l'univers de M. Raymond Lévesque les petites gens sont toujours présents. Ils sont les héros de la rime et de la raison. Il y a aussi les autres, les méchants: les généraux qui font la guerre depuis leur salon, les marchands de cauchemars, les empêcheurs de tout et de rien. Bref, tous les salauds.

Le poète jamais n'a dévié d'un propos dont la nécessité est criante. Il crie, d'ailleurs. Et ce n'est pas toujours joli. Mais cette souffrance, qui n'en finit plus de dénoncer, épouse celle des âmes amples et les réconforte. À l'écoute de ces fureurs rimées, on se sent solidaire et on se sent meilleur.

(Il fallait, cher vieux Raymond qui n'entends plus les mots de mon amitié, que je t'écrive aussi ici: tes mots à toi hanteront longtemps encore nos mauvaises consciences.)

QUAND LES HOMMES VIVRONT D'AMOUR, Raymond Lévesque, chansons et poèmes, Collection Typo, Éditions de l'Hexagone, Montréal, 1989.

ARTS ET SPECTACLES
THÉÂTRE / CRITIQUE

RAYMOND LÉVESQUE: UN MORALISTE FÉROCE

par Jean-Paul Brousseau
[*La Presse*, nov. 1975, p. B-7, B-8]

ALLEZ ET NE VOUS REPRODUISEZ PLUS de Raymond Lévesque. Mise en scène: Jean-Pierre Ménard. Musique: Raymond Lévesque et Jean-Pierre Ménard. Avec Raymond Lévesque (Raymond Lévesque plus grand-père), Diane Lavallée (Germaine), Normand Daigneault (Ti-Mine – la police) Gilles Jell-O Gagnon (le sergent), Jean-Pierre Ménard (le grand-père). Première hier soir, au *Patriote en haut.* Jusqu'au 30 novembre, relâche lundi et mardi.

Raymond Lévesque a parfois l'air de ne pas toujours être là. L'œil clair, mais la tête ailleurs. Parfois il chante, parfois il écrit des poèmes, comme dans *On veut rien savoir* (Parti Pris, 1974), dont on vendait des exemplaires avant le début de l'action, hier.

En bas, quand je suis allé chercher des cigarettes, le portier exhortait un fort groupe de dames à sortir leur 4$ pour accélérer l'entrée. On aurait dit que le «Centre culturel populaire Le Patriote» était en pleine récupération de la «culture» par le profit... raisonnable.

Mais en haut, quand Raymond apprend, dans la pièce, que sa femme Germaine est enceinte, le débat commence pour savoir si ça vaut le coup de laisser naître ce bébé. Et alors, toutes nos bibittes y passent, alignées dans un texte tassé comme du béton. Qui d'autre que Le Patriote laisserait jouer ça?

Nos bibittes? Ti-Mine vient d'entrer dans la police. Il faut voir pourquoi. Germaine, qui défendra les errances féministes à la mode, a l'air de vouloir tromper son mari avec le gros Ti-Mine. Pendant ce temps, le grand-père s'évertue à prouver que depuis la Grande Guerre de 1914, en passant par la Dépression, la Guerre de 39-45 et l'Apocalypse, il y aura tout eu sur cette terre.

Tout? Le texte de Lévesque est de l'anarchisme aimable – et ce n'est pas un reproche, parce que quand les gens auront digéré ça, ils seront prêts pour changer la vie. Changer la vie en autant qu'ils n'oublient pas que ça commence par se changer soi-même...

Par exemple: «Les viols? T'arrêtes juste quand les filles sont pas d'accord!» La fin du discours du maire: «Je vous ai donné l'Expo, je vous ai donné les Olympiques. Maintenant, je vais vous donner la tour de Babel. Vous aurez rien qu'à grimper dedans!»

On peut lire des livres et voir des films, savoir que «l'âpreté au gain fausse la vie», connaître des cœurs déboussolés ne parlant plus que par le fusil et la bombe... Ce que condamnent enfin Lévesque et son équipe, c'est «le silence des citadins qui ont pris leur parti, au coin de la rue», de la décadence de l'homme. Lévesque se sacre grand moraliste, sans perdre un rire féroce.

Il s'en trouve pour qui repasser là-dessus, ne fût-ce qu'une fois encore, les sauvera et nous sauvera. Le spectacle de la dégénérescence ne passe pas nécessairement par la dégénérescence du spectacle. Je n'en dirai pas plus: ce spectacle compte.

Jean-Pierre Ménard a encore mis sur ce spectacle la poigne d'un exceptionnel meneur d'acteurs, et je soupçonne que le texte de Lévesque lui doive beaucoup. (En plus de ça, il joue aussi de la flûte et de la guitare. Et chante!)

Vaut autant prévenir les gens: tout ce monde est en salopette, en pieds de bas, sur une scène où quatre vieilles berçantes canadiennes font l'office qu'elles font depuis nos pères: faire reposer les guerriers fatigués d'être aussi mêlés dans leurs «priorités». Sans décors ni costumes, on est pourtant plus près de la vérité.

Les prévenir aussi que c'est une pièce qui touche à tant de choses qu'on dérape (pourtant avec un brio constant) d'une cause à l'autre, de la misère, de l'inconscience avec, ici et là, une musique qui se laisse finalement oublier.

Le reste – que je traite trop brièvement – y est, et c'est ce qui compte: pourquoi Ti-Mine est-il entré dans la police? Pourquoi on prend nos vacances à Old Orchard? La différence entre les «p'tits» voleurs et les «gros». Pourquoi c'est le gouvernement qui paie pour la pollution par les grosses compagnies? Pourquoi, pourquoi? On se chicanera même pour trouver le responsable dans la famille...

Mais, par-dessus tout, surnage le spectacle, pas si uniquement québécois que ça, de notre rationalité déficiente et de notre sensibilité outrée: «prévention» du crime, douceur «civilisatrice» de la présence féminine dans le «salut» du monde...

Mais en particulier, un «show» dans le show: le spectacle de nos «médias» diligents susurrant à une populace avide, à s'en étourdir, de «nouvelles» le mot d'ordre des profiteurs de la contrainte: «Surtout, pas de panique! *Keep smiling*. Avec Coke, y a d'la joie!»

Cette merveilleuse petite mécanique scénique ne cesse de trépigner dans le climat le plus hilarant. Il faut faire passer un «biscuit» indigeste et ça, Lévesque et Ménard et compères le savaient. Les gags crépitent à un rythme tel que vous en manquerez, mais il n'y en a pas un seul qui ralentisse la mise en scène...

À L'IMPRÉVU DE MERCREDI À DIMANCHE
RAYMOND LÉVESQUE: SAVOIR ET DIRE

par Nathalie Petrowski
[*Le Devoir*, mardi 8 février 1977, p. 13]

À peine de retour du Vieux Poste de Sept-Îles, après avoir passé une grande partie de l'été au Théâtre de l'île d'Orléans, Raymond Lévesque se produira sur la scène de L'Imprévu du 9 au 13 février.

Il a l'air en forme, ce bon vieux Raymond, toujours aussi disponible à partir dans de longues et laborieuses diatribes sur la justice et l'indifférence des hommes, sur les problèmes dans le monde, dénonçant d'un même coup régimes totalitaires et impérialisme américain. Cela fait longtemps qu'ici à Montréal on ne l'a pas vu, ce qui ne l'a pas empêché de continuer à travailler, d'écrire trois pièces dont l'une, *On est deux, faut s'parler*, pourrait éventuellement être présentée à Montréal avec Jean Lapointe; de préparer quelques nouveaux monologues, un disque dont la sortie est prévue pour la fin mars et la publication de *Je veux parler aux Hommes*, recueil de poèmes engagés et férocement enragés.

Depuis les élections, il est fort légitime de se demander si Raymond Lévesque a changé, si le fait d'avoir chanté pendant vingt ans l'indépendance et puis tout à coup de voir que le rêve est sur le point de se réaliser, n'a pas remué certaines cordes particulièrement sensibles. À ce sujet-là, Lévesque est fort peu volubile: «Les élections ont impliqué certains changements dans mon répertoire, mes chansons dites "d'avant-garde" ont été dépassées par les événements mais cela a coïncidé avec mon évolution vers des thèmes plus universels. Je vais continuer à chanter l'indépendance, continuer à chanter mon pays mais je ne veux pas m'arrêter là. Je crois que dans vingt ans, tous les peuples vont être amenés à s'unir alors autant commencer de bonne heure.»

De l'autre côté du Québec, le monde s'ouvre, vaste et grand et les problèmes sociaux du Québec sont autant de microcosmes dans la problématique mondiale. En 1977, Raymond Lévesque parle moins de l'indépendance et se préoccupe davantage de la torture en tant que pratique inhérente aux régimes totalitaires. Il parle des multinationales, de l'indifférence et même de la complicité de Trudeau face à ces régimes-là, des droits de l'homme, de la dictature militaire, du Chili, du Brésil. Son style percutant n'a pas changé: «À force de vouloir dire les choses gentiment, tout se dilue, tout se perd dans l'abstraction, il ne faut rien ménager, surtout pas ses mots; la Révolution tranquille, on sait maintenant qu'elle a été très, même trop tranquille. Moi, je ne suis pas intéressé à chanter l'amour et le printemps; je regarde ce qui se passe autour, je le dis, je le dénonce. Les gens ne veulent rien entendre, rien savoir mais il faut leur dire malgré tout. Ce qui les perd, c'est leur indifférence les uns envers les autres, leur manque de responsabilité, de conscience collective. Si, chaque fois qu'un gars se faisait torturer, le monde entier se soulevait contre l'injustice de l'acte, les choses changeraient vite.»

Solidarité, responsabilité et justice sont ses mots favoris dans une démarche qui frise parfois la *mission* sous les traits d'une chanson-marteau, coup-de-poing. D'un côté, il dénonce l'injustice répressive des régimes totalitaires et de l'autre, la suprématie capitaliste de l'*American way of life*: «Les gens sont esclaves d'un système qui ne marche qu'avec l'argent, un système où chaque vie se définit en fonction du prix qu'elle coûte et de ce qu'elle rapporte. *Keep smiling*, voilà le dicton le plus hypocrite que tout un peuple s'évertue à mettre en application. Les gens polluent les villes, la nature, détruisent la Terre, produisent des bombes et en même temps font du jogging pour se tenir en forme.» Du côté de la culture, il voit les choses d'un œil tout aussi noir: «L'industrie du spectacle et des vedettes dans les grosses salles a presque tué la chanson, étouffé la création à cause de la disparition de nombreuses boîtes à chansons. Le prestige, ce concept abstrait, crée de plus en plus de barrières. Les gros noms ne veulent plus aller se produire dans des petites salles pour un cachet moindre.»

On se demande comment il peut continuer à vivre au milieu de tant de revendications, de problèmes, de remises en question systématiques, on se rend compte qu'en arrière des plaintes, se loge un fond d'humour, une ironie lucide, presque optimiste, quelque chose qui lui fait croire que quelque part, il y a sans doute une solution: «Le plus important, c'est de dire, de faire savoir aux gens. Après tout, l'engagement politique, c'est peu de chose, c'est tout simplement ne pas être indifférent.»

CHANSON
POÉSIE INSOLITE

par Jean-Pierre Chabrol
[*Le Figaro*, Paris, 1957]

«Quand les hommes vivront d'amour...»
«Tout le jour, je me suis drogué de tristesse.»
Jules Renard

La dernière émission de la série de Robert Beauvais sur Paris-Inter mettait aux prises chansons françaises et canadiennes. Le programme était composé de couplets poétiques ou insolites, rarement communs ou indifférents. On a pu ainsi réentendre «Quand un soldat» dans l'interprétation, à la riche humilité, de Francis Lemarque (on a beau être l'auteur, quand on vient après Yves Montand...). Mais c'est de Raymond Lévesque qu'il s'agit, et de son:

«Quand les hommes vivront d'amour
Il n'y aura plus de misère
Et commenceront les beaux jours,
Mais nous, nous serons morts, mon frère...»

Ce long garçon ouvert a écrit des chansons solides, comme «Les Trottoirs», «La Famille», mais qui ne l'ont pas encore élevé sur le pavois. Et voilà celle-ci qui, par les préoccupations qu'elle révèle, tranche sur la grisaille des programmes:

«Dans la grande chaîne de la vie
Où il fallait que nous passions,
Où il fallait que nous soyons,
Nous aurons eu la mauvaise partie» [...]

C'est comme un écho affaibli du célèbre poème de Bertolt Brecht «À ceux qui naîtront après nous».

«Vous qui émergerez du flot
Dans lequel nous aurons sombré
Pensez
Quand vous parlerez de nos faiblesses
Aux sombres temps
Dont vous êtes sortis» [...]

Il y a des idées qui sont dans l'air.

«Mais quand les hommes vivront d'amour,
Qu'il n'y aura plus de misère,
Peut-être songeront-ils un jour
À nous, qui serons morts, mon frère...»

Brecht dit encore:

«Mais vous quand on en sera là
Que l'homme sera un ami pour l'homme
Pensez à nous
Avec indulgence.»

Raymond Lévesque chante:

«Dans la grande chaîne de la vie,
Pour qu'il y ait de meilleurs temps,
Il faut toujours quelques perdants,
De la sagesse, ici-bas, c'est le prix...»

Paroles et musique me versent une nostalgie de bon aloi, une tristesse à la Jules Renard, qui donne du courage pour le lendemain. Brecht, qui aimait les chansons populaires, ne se serait pas offensé du rapprochement entre son poème et les couplets d'un jeune Canadien aux pieds de Paris, et que Paris tiendra à cœur, espérons-le, avant que «nous, nous soyons morts, mon frère».

P.-S.— J'ai reçu des lettres me demandant des renseignements, parfois d'une grande subtilité. Je n'ai pas répondu lorsque je me trouvais dans l'impossibilité d'obtenir les renseignements demandés. Ma lettre n'aurait été que pour remercier platoniquement ces lecteurs de la confiance exagérée qu'ils me font, et pour les assurer de mon dévouement quand même... Voilà qui est fait.

RAYMOND LÉVESQUE: PATRIOTE DE L'ANNÉE

[1980]

Honneurs, prix et récompenses n'ont jamais cessé de pleuvoir sur Raymond Lévesque, chansonnier québécois qui a su faire connaître son pays dans plusieurs pays du monde. Sa carrière sera de nouveau mise en lumière, le 15 novembre prochain, lorsqu'il sera cette fois honoré par la Société Saint-Jean-Baptiste de Montréal.

Cette dernière lui a décerné le titre de «Patriote de l'année», honneur déjà accordé à MM. Marcel Chaput, François-Albert Angers et Camille Laurin. Un dîner marquera l'événement. Les personnes intéressées peuvent obtenir des billets en s'adressant à la SSJB-M, maison Ludger-Duvernay, 82, rue Sherbrooke Ouest.

non signé
[*La Presse*, *Perspectives*, le samedi 28 octobre 1967]

Quand il évoque le passé, qu'il se met à raconter ses années de folle jeunesse, de bohème échevelée, Raymond Lévesque s'anime. Il parle vite, avec sa tête et ses mains. Il gesticule comme pour rattraper le rythme de ces souvenirs qui lui remontent à la mémoire en vrac, pêle-mêle. Les beaux jours liés aux mauvais. Les rires et les pleurs enchevêtrés.

En ce début d'automne ensoleillé, dans sa paisible douceur laurentienne, c'est un Raymond Lévesque chaleureux, détendu, qui nous accueille à son chalet d'été familial, à quelques minutes de «La Butte» du sympathique Mathieu où le chansonnier, poète, comédien présente, chaque année depuis sept ans, deux revues de son cru.

Là, dans un coin de nature hospitalière, il nous parle de lui, de ses débuts, de son métier. Sorte de temps d'arrêt, de survol de vingt années d'une carrière bien remplie. Joyeuse équipe qu'il a promenée dans tous les coins du Québec, ce que son ami le journaliste-poète Pierre Léger appelle «sa grande âme nerveuse de satiriste, obsédant les gens heureux que nous semblons être».

Raymond Lévesque, après vingt ans, c'est encore ce grand bonhomme élancé, tout en bras et en jambes, à l'oreille rebelle. Qui, à l'approche de la quarantaine, conserve ce langage savoureux, parsemé d'expressions bien de chez nous. Ce troubadour dans l'âme. Artiste éperdu, amoureux, intransigeant. Secret, passionné, simple.

La remontée dans le temps fait revivre ce fils de l'éditeur d'avant-guerre, Albert Lévesque; ce fier descendant de la dynastie des Lévesque de Saint-Paul-de-Kamouraska, dont les débuts pénibles coïncident avec ceux, non moins difficiles, de la chanson canadienne-française.

«Au début, j'écrivais des chansons "fleur bleue", à la Charles Trenet que j'admirais beaucoup, raconte-t-il. C'était la belle époque des cabarets, en pleine vogue de la chanson française.»

Le Faisan doré, rue Saint-Laurent, refuge du tout Montréal-la-nuit de l'époque et où Raymond vidait les cendriers et remplissait les verres, lançait alors des vedettes naissantes: Jacques Normand, Monique Leyrac, Clairette et Jean Rafa, tous deux arrivés de fraîche date, Charles Aznavour et son inséparable copain d'alors, Pierre Roche. «Il y avait là une ambiance unique, poursuit-il. Les spectacles duraient jusqu'à trois heures et demie et on ne sortait jamais de là avant le p'tit matin!»

C'est ainsi que vint à l'ancien élève des cours de diction de madame Audet le goût d'écrire des chansons. «Vous êtes pour moi, jolie demoiselle» n'est qu'une de ces premières compositions chantées et popularisées par la «coqueluche de l'après-guerre», Fernand Robidoux.

«En 1948, j'ai eu ma première émission de radio, 15 minutes par jour: *Grand-maman Marie*, avec Jeanne Maubourg. Henry Deyglun la réalisait, le père de Serge, mon ami et co-animateur. Nous devions chanter deux chansons nouvelles chacun par matin: c'était beaucoup!»

Puis il entre à CHLP, la défunte station de radio, comme disc-jockey à *L'Heure féminine*, en compagnie de Roland Giguère, Pierre Gauvreau, Jean Mathieu, Gerry Trudel. En 1952, la télé débute. Raymond participe à la première émission hebdomadaire de variétés, *Mes jeunes années*, avec Colette Bonheur, Aimé Major, Jacques Auger, Juliette Béliveau. Il y chante ses propres compositions.

En 1954, on le retrouve au cœur de la jeune bohème montréalaise attablée à La Hutte de la rue Sherbrooke, avec les amis Normand, Deyglun, Hudon, Mousseau, Molinari, Roussil. «Cette vie-là, les beaux jours de la bohème, durait depuis 1948, de raconter Raymond. Puis, à l'automne de 1954, il y eut un grand choc: le suicide de Sylvain Garneau qui était en quelque sorte notre idole; Serge (Deyglun) et moi, découragés, déprimés, on décide de s'en aller en France. On a tout vendu et on est parti au p'tit bonheur la chance! Serge, lui, était très lié avec Aznavour qui l'aida rendu à Paris. Mais lorsqu'il dut repartir, six mois après notre arrivée, à cause des difficultés de permis de séjour, je suis resté là, moi, tout seul.»

La vie est dure à Paris pour un Québécois qui commence. Raymond fait la queue en attendant son tour de passer dans les petites boîtes. Un jour, le pianiste Émile Sterne le présente à Eddie Barclay, le magnat du disque, qui à son tour lui fait connaître un de ses protégés, Eddie Constantine. «Constantine connaissait les difficultés qu'on a pour percer et il voulut m'encourager. Il fut très chic pour moi. J'allais chez lui quand je voulais. Sa porte m'était toujours ouverte, lui qui était si difficile à atteindre. C'est alors qu'il a enregistré «Les trottoirs» et «Quand les hommes vivront d'amour».

De fil en aiguille, Raymond Lévesque s'infiltre dans la colonie artistique de Saint-Germain-des-Prés. Émissions à la radio, tournées, spectacles dans les petites boîtes de la Rive gauche lui permettent de vivre tout en apprenant son métier à fond, à la bonne, la véritable école. «Puis, en 1959, j'ai eu envie de revenir. Je voulais revoir mon pays. Je suis rentré pour six mois... et j'y suis encore!»

À son retour, une mauvaise surprise l'attend: la grève de Radio-Canada qui, pendant plusieurs mois, privera beaucoup d'artistes de travail.

«En attendant, on a décidé d'ouvrir la première boîte à chansons québécoise: Les Bozos, rue Crescent à Montréal.» L'année suivante, Mathieu inaugure La Butte et, en 1961, Raymond Lévesque y prend l'affiche qu'il tient depuis lors, chaque été.

La saison de télé 59 lui apporte un contrat qu'il tiendra pendant quatre ans: *Coucou*, la populaire émission enfantine dont on se souvient encore. Comédien, il jouera exclusivement dans des textes de Marcel Dubé. *Zone*, une pièce de cet auteur – qui reçut le prix du Festival du Canada à Victoria en 1963 –, permit à Raymond de remporter le prix du meilleur comédien dans un rôle de composition. On le revoit ensuite dans d'autres pièces ou séries de Dubé, entre autres *De 9 à 5*, où il tient des rôles de garçon timide et réservé.

«Je suis le "nono" officiel de la télévision! s'exclame-t-il. On dirait qu'on est catalogué; les réalisateurs vous croient capable de n'incarner qu'une sorte de personnage. Cette année, je joue le rôle d'Alphonse – un autre "nono" – dans *Lecoq et fils*, la nouvelle série à l'horaire de Télé Métropole. Je suis étiqueté!»

S'il touche à la comédie, si l'animation d'une émission d'actualités, *Les nouvelles sont servies*, à CKAC, a exploité ses talents de monologuiste, Raymond Lévesque n'en demeure pas moins chansonnier et poète avant tout. En 1963, il ouvrait sa propre boîte, Le Club des arts, avec Denise Delrue. Rêve longtemps caressé qui mourut de sa petite mort. Puis ce fut Le P'tit Caporal, déménagé du Café des Artistes à la Plaza de la rue Saint-Hubert et, ensuite, le Bar du music-hall. Deux aventures qui n'allaient guère mieux réussir que la première tentative.

«À présent, je travaille tous les week-ends dans les boîtes à chansons. J'y tiens beaucoup parce que c'est là que s'est fait connaître la chanson québécoise, c'est ce qui lui a permis de vivre et de découvrir de nouveaux talents.»

Ces tournées auprès d'un public exigeant, ces apparitions à la télévision, demandent un effort constant de renouveau.

«Chaque année, il faut se constituer un répertoire neuf. J'écris au moins vingt chansons nouvelles par an; j'en retiens 10 ou 12 que je chante avec 4 ou 5 chansons de l'année précédente et deux nouveaux monologues. L'hiver, je prépare mes revues pour La Butte. Je m'éloigne un peu de la formule des sketchs humoristiques. L'an prochain, je veux poursuivre ce qui a été amorcé avec *Bigaouette*, la dernière revue de cette année, qui est une sorte de continuité en trois tableaux de 25 à 29 minutes chacun. Je voudrais faire une pièce en deux actes.»

S'il s'impose à lui-même un rythme de production et de renouvellement que peu d'artistes pourraient tenir, Raymond Lévesque tente cependant de s'éloigner de la chanson purement d'actualité.

Ce qui ne l'empêche pas de garder ses thèmes favoris: religion, politique, amour, humour. «Bozo-les-culottes», «Les gars de mon pays», «La bataille de Châteauguay» et tant d'autres petits chefs-d'œuvre de Raymond Lévesque après 20 ans, s'inscrivent dans la même ligne de pensée, le même style que les créations précédentes.

Mais l'homme a mûri, l'auteur a évolué. Avec «sa démarche de grand bateau de pêche indolent», pour reprendre les termes du collègue Léger, son sourire «d'orphelin désemparé», enjoué ou naïf, mordant de réalisme et divertissant à la fois, Raymond Lévesque poursuit la voie qu'il s'est tracée en devenant le premier véritable chansonnier politique du Québec.

Le «Bigaouette» timoré et démuni, né sur l'étroite scène de Val David, nous révèle un Lévesque qui maîtrise mieux ses outils de travail. Qui a encore un tas de choses à dire et plus de souffle pour le dire. Qui frappe aussi dur qu'avant, qui porte jusqu'au cœur de ce peuple qu'il connaît si bien et aime tant, son message pacifique. Le mot juste, le cynisme souriant, le doigt levé ou le geste engageant, il demeure le poète discret et pudique, le chansonnier simple, l'artiste qui émeut.

ARTS ET SPECTACLES

Dans «Environnement et nature»

RAYMOND LÉVESQUE SAIT ÊTRE TENDRE ET POÉTIQUE POUR DÉNONCER LA POLLUTION

par Marthe Lemery

[*Le Droit*, Ottawa, vendredi 23 février 1979, page 17]

Raymond Lévesque et Céline Arseneault, accompagnés de deux musiciens, dans le spectacle *Environnement et nature*, donné hier soir au Cégep de l'Outaouais.

Avec Raymond Lévesque, il n'y a rien qui puisse étonner. Depuis les années 50 où il lançait le premier le cri d'un peuple québécois à l'étroit dans sa peau, sans trop savoir où était le malaise, en passant par les années plus récentes où il endossait le mouvement de lutte des travailleurs contre un système écrasant, Raymond Lévesque est, et restera toujours, un précurseur.

Un gars qui voit les choses venir, qui les dénonce, mais qui, comme les militants de la chanson d'hier, se fait traiter de prophète de malheur.

À ma connaissance, aucun artiste ne s'est encore lancé corps et âme dans la lutte écologique, la «révolution verte», dans ce combat à mort avec la pollution, les pollueurs, les polluants. Aucun, sauf le prophète maudit en son pays, Raymond Lévesque.

Se faire dire qu'on tue à petit feu la planète, qu'on se ruine les viscères avec l'air vicié, les aliments chimifiés, et que le sol sous nos pieds risque bientôt de s'effriter, ça dérange évidemment notre sentiment égoïste de bien-être, et je comprends que peu de gens aient choisi hier de se déplacer pour aller entendre *Environnement et nature*.

Si le message est cru, le médium, lui, s'est enrobé de sucre pour mieux se faire digérer. L'humour a, de tout temps, été la formule magique capable de faire avaler les pires vérités, et Raymond Lévesque le manie assez bien, merci.

Humour cynique, il va sans dire, qui vise nos contradictions les plus patentes, comme ces joggeurs qui se donnent bonne conscience en courant leurs milles quotidiens... en plein centre-ville de Montréal, à l'heure de pointe, pour mieux apprécier la senteur de monoxyde de carbone dans l'air.

Ou encore celle du gros fumeur de «Tabac Lasalle» qui les fumera jusqu'au bout tellement elles ont bon goût... même sur son lit de cancéreux.

Tous ces produits de la surconsommation, de l'industrialisation, du système-compresseur passent sous le tir de Lévesque. Les proverbes d'hier assaisonnés à la mode automobile se lisent: «À vendre un bon char, nul n'est tenu – l'enfer est pavé de vieilles minounes – il faut tourner sept fois autour d'un char avant de l'acheter – tous les chemins mènent à un garage...» et la litanie est longue.

Mais Lévesque n'est pas qu'humoristique dans *Environnement et nature*. Il sait être tendre, poétique, pour dénoncer ce qui constitue, selon lui, un grave problème pour la survie de l'humanité, avec un accent aigu sur le grave.

Si les dirigeants de la terre admiraient une rose plutôt que leurs millions, les fleurs auraient peut-être des chances de survivre, et les oiseaux et papillons auraient un sol d'argile et non de béton pour s'y poser, raconte-t-il.

Mais il se fait déjà tard, et il faut agir vite. «Je ne crois pas à l'intelligence des hommes», me racontait Raymond Lévesque, lors d'une entrevue réalisée hier après-midi, entre deux spectacles.

Il n'y croit pas parce que, jusqu'à présent, l'humanité a marché à coups de catastrophes avant de réagir. «Combien de millions d'humains devront périr d'une catastrophe naturelle, pour que les gens comprennent enfin que l'avenir doit reposer entre leurs mains et non celles des compagnies exploitantes et qu'ils doivent être solidaires», demande-t-il.

Pour renverser l'ordre des choses, Lévesque ne croit qu'à une seule solution. Que les citoyens du Québec prennent conscience de la gravité de la situation, et qu'ils commencent à revendiquer de leur gouvernement le droit à un environnement pur, bien à eux.

Malgré la fougue de ses convictions, Raymond Lévesque se fait vieux, et porter tout seul le flambeau d'une révolution n'est pas aisé. Il sollicite l'appui des jeunes. Qui est prêt à le suivre?

SPECTACLES

Raymond Lévesque et son cri d'alarme enrobé d'humour et de poésie...

UNE RÉVOLTE CONTRE LA BÊTISE

par Andrée Poulin

[*Le Droit*, Ottawa-Hull, samedi 22 avril 1989, page 4A] *Collaboration spéciale*

«Quand les hommes vivront d'amour, il n'y aura plus de misère...»

Cette chanson – l'une des plus belles du répertoire québécois –, Raymond Lévesque ne la chante plus. Atteint de surdité, le chansonnier a accroché sa guitare. Mais il ne s'est pas tu pour autant. Au contraire, Raymond Lévesque continue de monter sur scène et son réquisitoire contre la bêtise et l'injustice se fait encore plus vibrant, encore plus radical.

Tout au long de sa carrière, que ce soit dans les boîtes à chansons de Montréal ou dans les bistros de Paris, Raymond Lévesque a chanté sa révolte. À soixante ans, il reste toujours aussi dénonciateur, toujours un peu anarchiste sur les bords. Promenant son spectacle un peu partout au Québec, il parle de l'environnement qu'on détruit, de valeurs qui se perdent, de conscience sociale qui disparaît. Têtu et idéaliste, il continue de lancer son cri d'alarme, enrobé d'humour et de poésie, afin de secouer les gens, les mobiliser, les inciter à changer le tissu de cette société qui s'autodétruit.

«On nous a vendu des valeurs mensongères. D'abord, on nous a dit qu'il fallait travailler, gagner sa vie et réussir à tout prix. Comme il y a seulement un petit nombre qui peut réussir, les hommes se battent entre eux. On ne peut pas bâtir une société fraternelle et généreuse avec des valeurs comme celles-là», dénonce-t-il.

L'environnement

Pour parler d'environnement, il se fait particulièrement virulent. S'il est vrai que le sujet est actuellement à la mode, il faut souligner que la croisade écologique de Raymond Lévesque ne date pas d'hier, car il dénonce les pollueurs depuis déjà dix ans.

«Avec la surexploitation des sols, on épuise les terres et on s'en va vers la famine mondiale. Nous, on sera rationnés mais les peuples pauvres vont crever de faim. Ils vont manger la claque en sacrament», s'indigne-t-il.

Même s'il est partiellement sourd, Raymond Lévesque n'a perdu ni sa verve, ni son franc-parler. Pas question pour lui de cabotiner devant les journalistes. D'un naturel extraordinaire, il ponctue ses phrases de jurons et ne se gêne aucunement pour dire ce qu'il pense, même lorsque ce n'est pas flatteur pour lui.

Ainsi, sans aucune fausse honte, il se désole tout haut d'être un peu oublié par le public et le milieu artistique québécois.

[...] «Je n'avais pas eu ma chance, car aucun impresario n'a voulu mettre une piasse sur moi. Jean Lapointe et Yvon Deschamps avaient du talent, mais on les a aidés, on a investi en eux. Ce n'est pas mon cas.»

«De toute façon, le succès, c'est comme la drogue: plus t'en as, plus t'en veux. D'ailleurs, ce n'est pas tous les artistes qui savent bien porter le succès. Jacques Brel, par exemple, était enragé; Félix Leclerc était très amer et Diane Dufresne est paranoïaque», lance-t-il en riant.

Autrefois comédien et chansonnier, encore poète à ses heures, mais maintenant surtout dramaturge et monologuiste, Raymond Lévesque est un artiste polyvalent. En plus de continuer à pondre des monologues dénonçant l'absurdité de la société moderne, il écrit aussi des pièces humoristiques, qu'il a cependant beaucoup de difficulté à faire accepter par les petites maisons de production ou par les grands théâtres. Il a aussi écrit un livre humoristique – lettres d'un gars de la ville à un gars de la campagne – qui n'a pas encore été accepté par un éditeur.

Paradoxalement, sa célébrité, au lieu de lui ouvrir des portes, joue contre lui. Il est étiqueté. «C'est normal qu'on encourage les jeunes; ils ont droit à leur place, mais les plus vieux aussi ont encore des choses à dire», fait-il valoir.

«Pour l'instant, je me débrouille plutôt mal, mais je suis persévérant. Ça se peut que mon affaire ne soit pas au point, mais je vais continuer à écrire et à m'améliorer, lance-t-il avec une candeur désarmante. Le secret de ce métier, c'est la persévérance. J'en connais qui ont lâché et qui par la suite l'ont toujours regretté.»

Mais Raymond Lévesque n'est pas de la race des lâcheurs. Il continuera donc de témoigner, de dénoncer... afin de rapprocher un peu plus les gens de cette société «où il n'y aurait plus de misère»... tout en espérant que le succès glisse éventuellement de son côté.

«LE PLUS DIFFICILE, AU QUÉBEC, C'EST DE DURER»

(Raymond Lévesque)
par Martine Corrivault
[*Le Soleil*, août 1976]

Trente ans de métier dans le monde du spectacle, ça se célèbre sur la scène. À partir de cette réalité, la Compagnie des Neuf et Réjean Roy ont voulu, pour démarrer leurs activités et occuper le Théâtre de l'Île, à Saint-Pierre d'Orléans, cet été, rendre hommage à Raymond Lévesque. Le directeur du théâtre, Pierre Jobin, a rejoint l'auteur en France, où il était parti l'hiver dernier, pour travailler à la désormais célèbre supercherie que fut la boîte La Québécoise à Paris. Rentré à Montréal, Lévesque a rencontré Réjean Roy qui lui a parlé du projet de la Compagnie et lui a demandé de ses anciens textes pour réaliser une sorte de collage sur son œuvre à la scène.

«Au départ, je pensais que ce devait être poésies et chansons, mais Réjean m'a expliqué qu'il voulait aller plus loin. Je lui ai donc remis des textes que j'avais. Nous devions nous revoir et retravailler ensemble là-dessus, mais Réjean a été trop pris. Finalement, c'est sa conception à lui de tout ça qui est devenue le spectacle», explique Raymond Lévesque en avouant son faible pour la première partie du montage réussi par Réjean Roy.

Réjean Roy a déjà réalisé à Montréal, avec l'œuvre théâtrale et littéraire du comédien Ernest Guimond, un travail du genre et l'avait présenté à la scène sous le titre *Ernest Guimond sur son 36*. Avec Raymond Lévesque, l'entreprise était différente.

«Ce qui m'intéresse chez Raymond, c'est qu'il a des choses importantes à dire. Pas parce que c'est un missionnaire, mais plutôt parce qu'il ressent les choses socialement, d'une manière plus forte que d'autres et reste habité par le désir de les communiquer. J'ai constaté, à travailler ses textes, son souci d'exprimer l'univers des petites gens, de ceux que l'on abuse et exploite. Raymond Lévesque me semble un témoin actif, pas un littérateur.

«De plus, certains passages écrits en 1954, en 1963, en 1967 trouvent aujourd'hui, en août 1976, une étrange résonance actuelle. Et puis, en cours de répétitions, l'auteur qu'il est m'a séduit...»

Le choix des textes...? «Qu'est-ce qui fait que l'on s'arrête à l'un plutôt qu'à l'autre...? Hors contexte comme nous les utilisons, ça n'est plus comme lorsqu'il les jouait à La Butte à Mathieu ou au P'tit Caporal. Cependant, l'important reste comment le public est touché. Moi je comprends bien Raymond de préférer «Y'a pas trois milliards d'hommes...» ou «Solidarité» ou «Conscience universelle» au «Baptême d'Arsène Lupin». Mais il faut des passages plus légers et des enchaînements. Je connaissais Bigaouette pour avoir fait «Bigaouette à l'armée». Raymond m'avait parlé des deux autres parties de ce spectacle, la Boxe et l'Amour. Nous avons voulu faire Bigaouette et la Boxe et l'Armée. Ce sont deux textes qui permettent au comédien de beaucoup jouer.»

«D'autre part, quand on dénonce quelque chose, il faut faire comprendre pourquoi. Chez Raymond, c'est clair. Bigaouette s'est fait avoir à l'armée; il lui faut réagir, reprendre confiance.

Et puis, tu écoutes Raymond, "Bozo-les-culottes", le Québécois s'y reconnaît, c'est nous autres, ça. Il faut ensuite voir ce qui nous sépare. J'ai pris le monologue "Ce qui nous sépare" et y ai intercalé des personnages pour accentuer le côté revue du spectacle et faire passer la charge contre le système et l'argent qui mobilisent toutes les énergies. On arrive par là à la conscience universelle, à la fraternité, à la réflexion actuelle. Ça me semblait important de montrer des bouts de revues: Raymond en a fait pendant 12-13 ans, à La Butte à Mathieu, Au P'tit Caporal.»

Le «boom» des années 1960

Raymond Lévesque a commencé à faire de la chanson en 1946. Se rappeler ce qu'était le Québec à l'époque ou essayer de l'imaginer, c'est commencer à comprendre ce qui allait suivre. On sortait de la Grande Guerre: on chantait la chanson française et on découvrait la culture d'outre-mer. On s'ouvrait à peine au monde. Marcel Dubé et Roger Lemelin étaient des hommes jeunes. Félix commençait à chanter mais n'était pas encore allé chercher la consécration à l'étranger, il était à peine entendu ici. En 1950, Dubé commença à écrire. En 1953, ce fut *Zone*, le grand départ. Lévesque en était. Plus tard, il sera «Médée» pour le même Dubé. Mais, entre-temps, Raymond Lévesque est lui aussi parti à Paris. En avril 1956, il écrit une chanson: «Quand les hommes vivront d'amour»... En septembre de la même année, Eddie Constantine l'enregistre en français, puis en allemand. D'autres aussi la gravent sur disque, mais il faudra attendre janvier 1976 et le disque de la Chant'août pour que la France redécouvre cette chanson qui fait presque partie de notre folklore tellement on la connaît ici.

Mais en 1960, la chanson québécoise connaît un «boom» extraordinaire. En six mois, la province se couvre de boîtes à chansons et des compagnies de disques se forment pour graver des enregistrements de chansons nouvelles écrites et interprétées par des artistes arrivés comme une vague qui balaie tout.

«Moi, je suis déjà trop vieux. On me considère comme un *has-been*. Je n'intéresse plus personne et on ne mise pas sur moi. C'est ainsi que je choisis d'exploiter la veine chansonnier à la manière des Français, avec des monologues puis des revues sur l'actualité.»

Raymond Lévesque reconnaît avoir été vexé à l'époque. Après avoir été un des artisans des années difficiles, avec Jacques Blanchet et les autres, se voir mis de côté quand enfin les efforts rapportaient, c'était plutôt blessant.

«Alors j'ai commencé à ouvrir mes boîtes, à faire du monologue d'actualité. J'ai essayé, comme tout le monde, de faire la Comédie-Canadienne, mais les portes m'étaient fermées. Parce que j'étais pas le gars de l'heure. Ça prenait de nouveaux visages.»

Raymond Lévesque fait donc un premier été à La Butte, puis un deuxième, et un troisième, ainsi de suite pendant 12 ans.

«Bozo-les-culottes» date de 1964. Lévesque dit avoir à l'époque été révolté par le comportement des Québécois à l'endroit des premiers felquistes qui, après tout, n'agissaient pas pour de l'argent ou de la gloire mais parce qu'ils tentaient de faire avancer les choses, parce que la condition faite aux Québécois les révoltait. «Leurs méthodes d'action étaient discutables, mais au moins, les Québécois auraient pu se taire au lieu de cracher sur eux... C'est pour qu'ils se sentent moins abandonnés que j'avais écrit «Bozo-les-culottes». Et c'est Pauline Julien qui l'a endisquée.»

En 1967, *Bigaouette* montre le nez. C'est un spectacle complet. En 1970, la parodie sur les enlèvements politiques a également beaucoup marché.

Les parutions

Raymond Lévesque, auteur de chansons, monologuiste et poète, publiera son premier ouvrage, *Quand les hommes vivront d'amour*... à l'instigation de Gilles Vigneault qui éditera l'ouvrage chez lui, aux Éditions de l'Arc. Par la suite, deux recueils de poèmes paraissent à Parti Pris, *Au fond du chaos* et *On veut rien savoir*. Les Éditions de l'Homme publient ensuite *Bigaouette* et *Le malheur a pas des bons yeux*. L'an dernier, Lévesque signait un contrat avec Fides, avant de partir pour l'Europe, mais il semble que certaines difficultés se présentent à la suite du départ du directeur littéraire qui avait accepté les textes. «Le père Dubé m'attend quand je rentrerai à Montréal, m'a-t-on dit quand j'ai voulu prendre des nouvelles.»

Le comédien

Réjean Roy, qui a dirigé les répétitions de *À quand les hommes...*, parle de la qualité du comédien qu'est Raymond Lévesque. «La nature de l'écrivain et celle de l'acteur chez Raymond Lévesque sont indissociables. C'est un gars qui se tient debout, toujours en avant!» Et Roy compare la qualité d'émotion que peut exprimer Lévesque à celle que transmettait Bourvil (que Lévesque a très bien connu). En faisant cette comparaison, Roy rejoint le réalisateur français Christian Jaque à qui Lévesque rappelait le regretté Bourvil.

Comment se fait-il que le «milieu» laisse si longtemps au «frigidaire» ceux qu'il a pu découvrir un jour...? Raymond Lévesque rappelle le cas d'Olivier Guimond. Et celui, en France, de Brassens...

«Dans ce métier-là, le plus difficile, c'est de durer. Faut se renouveler, et tous les dix ans, savoir que l'on change de génération. Surtout dans un petit pays comme le Québec.»

HOMMAGE À FÉLIX
LA GÊNE D'ÊTRE

par Paul Rose
[*L'aut'journal*, 1989]

J'ai rencontré Raymond Lévesque, chez lui, dans l'est de Montréal, au-dessus d'un petit studio d'enregistrement. Un coin de quartier ouvrier grouillant d'enfants de toutes les couleurs, de tous les styles, de tous les âges – et d'une langue belle, belle, belle!... Un quartier où il faut se faufiler entre les tricycles, les bmx, les planches roulantes... Un quartier comme il s'en trouve de moins en moins.

Chez lui, ça sent la vie, comme dehors. Au milieu de masses de documents empilés ici et là, Raymond nous reçoit à bras ouverts. Il est en pleine effervescence créatrice: il met la dernière main à une conférence-spectacle avec laquelle il a l'intention de faire la tournée des cégeps et des centres culturels du Québec à l'automne. Celle-ci, intitulée *La nouvelle conscience*, porte essentiellement sur la pollution: profits à tout prix, criminels industriels, trahison des «hommes de sciences». Tout ça une semaine avant la catastrophe écologique de Saint-Basile-le-Grand...

Sa dernière pièce, jouée à Saint-Hippolyte, n'a pas tellement marché. Absence totale de publicité, certains soirs pas plus de six ou sept personnes, il a dû finalement abandonner au beau milieu de la période estivale. Dommage, *2000 ans après Jésus-Christ*, de l'avis de plusieurs qui ont pu assister à la représentation avant son retrait, était sa meilleure comédie à sketchs. Mais c'est dans ces moments-là, expliquera-t-il, lorsque l'amertume tend à prendre le dessus, que le goût d'écrire le prend le plus fort. Et Dieu sait si de l'amertume, il aurait toutes les raisons d'en avoir, cet homme-là!

Je pense entre autres à ce projet de cours sur l'histoire de la chanson d'ici, projet de son cru et sur lequel il a travaillé pendant plusieurs mois. C'était il y a deux ans. Puis, en bout de piste, un cégep de la Rive-Sud lui a fait poliment comprendre qu'il faisait fausse route puisqu'il n'avait pas les diplômes nécessaires pour donner un tel cours... Il a bûché encore plus fort, et finalement il en est sorti un livre, pour le plus grand bonheur de tous. Assez de matière pour en faire quelques cours de cégep que d'autres donneront à sa place... Des exemples comme ceux-là, la vie de cet homme-là en est pleine!

Amertume donc... Lui plus que tout autre!

Sauf peut-être Félix...

Lorsque l'on aborde la mort de son ami Félix, à l'amertume douce de fond de scène se mélangent une tristesse profonde, un humour cinglant, quelquefois la rage même!

Rage au cœur. Non, il n'est pas allé à la messe commémorative de la Place royale à Québec: pas assez de place pour le menu fretin et beaucoup trop pour toute cette gang de pleureurs à faux, de pollueurs / rapetisseurs du Québec que sont les Robert Bourassa, Lise Bacon, Guy Rivard, Robert De Cotret... – ne manquait qu'Alliance Québec! Il a refusé toute entrevue, par dégoût. Et le pire, c'est qu'un journal à potins a trouvé le moyen d'en inventer une! Même là, il n'a pas cru bon répliquer...

Et le tour de l'île d'Orléans? Il n'a pas osé. D'abord parce que la famille avait annoncé que les funérailles se dérouleraient dans la plus stricte intimité et qu'il était entièrement d'accord avec ça. Mais surtout, par-dessus tout, parce que lui et Félix avaient une chose en commun: ils n'étaient pas, comme on dit chez nous, de grands voisineux. L'un comme l'autre. Les fois qu'ils se sont vus au Québec, il peut les compter sur les doigts de la main.

En fait, je les soupçonne de s'être parlé plus souvent en France qu'ici...

Trop préoccupés de ce côté-ci par ce pays à bâtir, par cette place à se tailler au soleil, jour après jour?...

Mais les fois qu'ils se sont voisinés, ici comme là-bas, ça occupe cet après-midi toute la place dans cette toute petite pièce devenue soudain cent une fois grande comme la Place royale!

Les flashs déboulent dans sa tête: Raymond est ailleurs. On saisit au passage quelques bribes, au gré d'un soupir, d'un murmure, d'un gros éclat de rire.

Souvenances de là-bas. Douce complicité de deux Québécois à Paris. Lorsque pour Raymond ça ne tournait pas rond côté argent et puis que soudain ça s'arrangeait, souvent il s'apercevait, après coup, que la personne qui lui avait donné un p'tit coup de pouce en arrière, c'était Félix. Dans le silence, en silence, voilà comment agissait Félix... Et même lorsqu'il ouvrait la bouche, il trouvait le tour de faire parler le silence. Ainsi, un de ces jours creux, il avait dit au jeune Raymond: «Tu sais, j'ai beaucoup d'amis ici qui pourraient... (longue pause)... mais ce serait le pire service à te rendre (pause) et tu me reprocherais toute ta vie de ne pas t'avoir laissé faire ton chemin.»

Un des meilleurs moments dont se souvienne Raymond. Grande solidarité faite de confiance profonde, mutuelle.

Souvenances d'ici lorsque Félix crée sa chanson «Le petit bonheur» et, s'accompagnant à la guitare, la chante pour la première fois à Radio-Canada à la fin des années quarante. Des centaines d'appels de protestation: «Qui c'est ce gratteux de cordes qui parle...» Debout, Raymond tempête encore! Souvenances de temps doux aussi. Il raconte, avec menus détails, une petite visite sur la terre de Félix à l'Île, jusqu'au bas de la côte, jusqu'au bord de l'eau, son entrée sur la pointe des pieds dans la maison. Mais, c'est le tour du chalet en bois rond qui lui revient surtout, la p'tite table toute croche, le banc, là où Félix a écrit d'un trait, deux saisons durant, *Le fou de l'Île*, à la lampe à l'huile, dans le dénuement le plus total. Un voisin lui apportait les vivres.

Soudain: «Tu sais, Paul, ce gars-là, c'était un boute-en-train, un grand farceur. Comme tu aurais aimé le rencontrer!»

Mea culpa, mea culpa, que j'entends résonner en d'dans, au rythme du cœur. «Malgré moi, malgré moi!» *Mea culpa*, cent fois plutôt qu'une! Peur de déranger? Gêne profonde qu'on serre entre les dents jusqu'à la dernière minute, comme si c'était le dernier morceau de nos chaînes qu'on hésiterait à cracher pour de bon?...

Gêne de Félix, gêne de Raymond, gêne de tout l'monde d'ici. Gêne d'être. Gêne d'être dans un pays qui ne naît pas...

RAYMOND LÉVESQUE
«J'ai écrit mes plus belles chansons le lendemain d'une brosse»

par Daniel Grégoire
[*Photo-Journal*, 4 au 10 février 1974, page 3]

Il a l'âge d'être mon père, Raymond Lévesque et je me surprends pourtant, en l'écoutant, à envier sa jeunesse. Pas d'une envie morbide, mais un drôle de sentiment fait d'un mélange d'admiration et de nostalgie... nostalgie de quelque chose qu'on a oublié quelque part en chemin.

Avec les mots du Petit Prince de Saint-Exupéry — ceux qui viennent du cœur —, il s'indigne devant ces supposés critiques de spectacles qui s'adonnent allègrement au démolissage systématique, il dénonce la torture et l'exploitation du peuple brésilien et parle de l'engagement politique comme d'une démarche essentielle. «Être politisé, c'est avoir une conscience universelle; c'est d'être préoccupé par ce qui se passe ailleurs parce que ça nous concerne, parce qu'ailleurs, il y a aussi des hommes.» Il ne dit pas «parce que ces hommes d'ailleurs sont nos frères», mais il ne le pense pas moins... et il le vit.

La conversation — il serait plus juste de dire le dialogue, l'échange — se poursuit et, d'une chose à l'autre, j'en arrive à aborder le sujet principal de l'entrevue. Sans détour, je lui demande, à lui qui a déjà affirmé «avoir pris un coup trop fort», s'il croit que l'alcool joue un rôle dans la création artistique.

Le malheur

«M'a t'expliquer un affaire (c'est un gars vrai qui parle et il parle comme du vrai monde), c'est que l'alcool et la drogue, ça crée des états d'angoisse et les états d'angoisse sont créateurs. Un gars qui est "cold" tout le temps, y peut pas créer. Pour écrire quelqu'chose, y faut qu'tu sois "fucké" un peu. Si t'es pas "fucké", tu peux pas écrire.

Moi, la boisson, ça m'a causé beaucoup d'trouble mais ça m'a apporté beaucoup aussi parc'que mes plus beaux poèmes, mes plus belles chansons, j'les ai faits le lendemain d'brosses. Quand j'me l'vais l'matin tout "fucké", angoissé, toute, c'est là que j'les ai faites mes plus belles chansons. "Quand les hommes vivront d'amour", j'ai fait ça le lendemain d'une brosse. J'me suis l'vé l'matin...

J'l'oublierai jamais, j'étais à Paris pis j'avais pris un coup avec un gars, pis dans la soirée, on parlait; tout à coup, y'est v'nu cette phrase-là, "quand les hommes vivront d'amour". J'm'en rappellerai toujours, y'avait un paquet de cigarettes... J'ai écrit cette phrase-là sur un paquet de cigarettes et le lendemain matin, quand j'me suis l'vé, j'étais malade, angoissé au boutte, pis j'me suis l'vé et j'ai écrit "Quand les hommes vivront d'amour". J'te l'montrerai, je l'ai gardé sur une feuille à la maison. J'ai écrit ça, ç'a pris quinze minutes, c'est tout... même pas, ç'a p't-être pris dix minutes.

Pis mes plus beaux poèmes, j'les ai écrits malade de boisson et tous les artistes créateurs écrivent dans des états d'angoisse. Parce que si t'as pas un état d'angoisse, tu peux pas écrire... J'veux pas encourager personne à boire, mais j'veux t'dire que si t'es tout l'temps ben "straight", ben "cold" tous les matins — la culture physique pis ben en forme—, t'écriras exactement jamais rien.

C'est sûr, ça. Un gars qui fume pis un gars qui est "fucké". Pis l'Christ, y devait être "fucké" en "estie", O.K.?»

Quand t'es heureux

«La boisson, ça éveille quelqu'chose en toi... Écoute, les gens heureux écrivent pas. Pour faire n'importe quoi dans les arts, y faut qu'tu sois un peu malheureux; si t'es heureux, tu fais rien. Le malheur, c'est à la base de tout, c'est à la base de la vie même. Le malheur, c'est le moteur de la vie pis quand y ont dit «tu enfanteras dans la douleur», le monde a pensé aux femmes avec leur grosse bédaine, mais c'est pas rien qu'les femmes avec leur grosse bédaine, c'est tout, tout, tout, toute l'humanité a grandi dans la souffrance. Tout c'qui s'est fait dans la science, à tous les points d'vue de l'évolution humaine, ç'a la base la souffrance. Si l'monde était heureux, y s'f'rait rien.»

Un témoignage

Nous sommes demeurés trois heures comme ça. Trois heures durant lesquelles j'ai parlé peu, j'ai écouté beaucoup. Trois heures durant lesquelles je me suis enrichi aux sources de l'expérience et de la vie de Raymond Lévesque, au cours desquelles j'ai cru parfois partager la profondeur de sa souffrance et la grandeur de ses rêves.

Dépassant le cadre un peu limité de l'entrevue, les propos de Raymond Lévesque prenaient devant moi les dimensions plus larges d'une philosophie de la vie, d'un code de vie, d'un code d'amour et mon seul regret est de ne pouvoir ici, faute d'espace, partager avec vous tout ce que j'ai pu retirer de cet entretien, de ces trois heures. Pour l'enfant, le poète, pour l'Homme (avec un grand «h») que ces trois heures m'ont permis de connaître un peu mieux, merci Raymond.

EN RAYMOND LÉVESQUE, IL NOUS EST RESTÉ UN POÈTE

par Johanne Mercier

[*Montréal-Matin*, mardi 18 mars 1975, page 27]

Raymond Lévesque est un de ces êtres qui font naître chez leurs interlocuteurs des sentiments qu'ils croyaient révolus. Humilité, tendresse, solidarité, autant de mots qui s'assimilent difficilement à la vitesse de la réalité. Pourtant, comme on redécouvre la nature après la ville, Raymond est une source d'éternelle candeur parmi un certain désabusement.

Ce jour-là, dans un décor qui lui seyait bien (celui du Patriote), Raymond Lévesque semblait pourtant étroit sur son siège. Il est vrai que l'atmosphère brumeuse du tabac le dépayse; à la main, ni verre ni cigarette.

Un travailleur comme les autres

Les entrevues les plus florissantes commencent souvent par une défense hâtive de l'interviewé; au début de notre entretien, Lévesque affirme qu'il n'a pas grand-chose à révéler. Pourtant, cinq ou six projets de valeur surgissent de notre conversation.

Tout d'abord, il promeut le disque de *L'automne chaud*, enregistré au profit des employés-grévistes de la United Aircraft. «J'ai toujours été du côté des travailleurs, affirme le chansonnier. Le métier que je fais ne dissimule pas mon idéologie; je suis un travailleur de la chanson.»

Parmi les activités des prochains mois figure un microsillon commandité par la FTQ, intitulé *Raymond Lévesque chante pour les travailleurs*. Dans ces dix chansons, il aborde les problèmes et les aspirations des «gars de la construction» et des militants, de la solidarité et d'une certaine conscience universelle condamnant l'indifférence.

La comédie dissimule la tragédie

Au cours des prochains mois, Raymond Lévesque, avec l'air de ne pas en avoir l'air, a exprimé le désir de toucher de plus près au théâtre. Après le succès de *Tharèse* au Théâtre de l'Île l'été dernier (à l'île d'Orléans), le directeur Pierre Jobin entend récidiver avec une deuxième pièce de Lévesque.

Délaissant la tragédie (mais non les tragédies...), l'auteur de «Quand les hommes vivront d'amour» aborde la comédie par laquelle il entend faire passer le même message. «Les comédies sont tristes, vous savez...»

Donc, cette pièce à quatre personnages (les budgets ne sont pas élevés, on pourrait presque dire du «théâtre artisanal») peindra le côté tragique de la vie.

Piano-bar et cinéma

Côté spectacles, l'horaire de Raymond Lévesque demeure plutôt restreint. Probablement quelques récitals au Patriote, en mars.

Cependant, un projet de piano-bar se concrétisera dans les prochaines semaines. Même si Lévesque n'a donné que des réponses évasives à ce sujet, l'emplacement est déjà choisi et l'on peut d'ores et déjà annoncer que l'ouverture se fera en avril, dans le quartier historique du Vieux-Montréal. Raymond s'y produira chaque soir. Ce qui ne l'empêchera pas, comme il dit, d'inviter d'autres interprètes, histoire de laisser reposer ses cordes vocales!

Une autre nouvelle: il se pourrait fort bien que le nom de Raymond Lévesque figure au générique d'une production québécoise. En effet, il a terminé le scénario de la désormais célèbre chanson «Bozo-les-Culottes», créée en 1964.

«La teneur de ce film est mon secret; tout ce que je peux vous dire, c'est que l'aventure commence là où finit la chanson, c'est-à-dire lorsque Bozo quitte le pénitencier. Je pense que le projet est valable et je réussirai à y intéresser quelqu'un.

La polyvalence de Raymond Lévesque connaît aussi d'autres jours; à l'automne, il publiera son xième recueil de poèmes, après *On veut rien savoir*. Recueil de poèmes engagés, comme il dit, qui s'intitulera *Le malheur et la tragédie*.

Au fil de la conversation, Raymond Lévesque semble se fondre dans un rare pessimisme. À cette remarque, il a confirmé le doute en répondant: «Pas pessimiste, réaliste!...»

RAYMOND LÉVESQUE
À la recherche d'un public

par Manon Péclet
[*Montréal-Matin*, mardi 29 avril 1977, page 91]

Raymond Lévesque porte fièrement le brassard d'auteur-compositeur-interprète depuis près de vingt-six années déjà. Mais au cours de ces dernières années... la charge a été très lourde à supporter.

Si son étendard est passé à la postérité depuis belle lurette, Raymond Lévesque n'aligne pas à la queue leu leu ses succès populaires.

C'est presque un chansonnier en sursis.

En fait, sans vraiment être tombé dans l'oubli, il n'en demeure pas moins qu'il est resté sur les tablettes des disquaires ou des postes télévisés et radiophoniques depuis plusieurs années.

Sans être atteint de ce mal de persécution si cher à certains artistes en perte de vitesse, Raymond Lévesque est déçu. Tant et si bien qu'il espère avoir la chance de recommencer ou de continuer une carrière en France.

C'est ainsi qu'il partira vers le début février afin d'être l'animateur d'une nouvelle boîte à Paris: La Québécoise, qui sera située au cœur des Halles, juste à côté du célèbre restaurant Au pied de cochon. L'ouverture se fera le 13 février prochain, à moins d'accidents imprévus. D'ailleurs, il est fortement question de noliser un avion rempli d'artistes d'ici et de journalistes pour cet événement.

«J'y serai animateur durant une période de trois mois. Mais contrairement à ce qu'il a été écrit, cette boîte n'est pas la mienne. Si c'est mon idée au point de départ qui a engendré une telle création, c'est Michèle Latraverse qui l'a développée en cherchant des investisseurs. Cette boîte aura un roulement d'artistes de chez nous qui s'y produiront durant quelque temps, à tour de rôle», dit-il.

«Mon temps est presque fini ici. Je suis au deuxième plan depuis plusieurs années», dit-il, en ajoutant: «Je n'ai guère été aidé par les promoteurs. Pas un n'a levé le petit doigt pour faire bouger ma carrière. Je n'ai été appuyé par personne. Et il est nécessaire d'avoir des gens qui s'occupent régulièrement de vous dans ce métier, sinon...»

«Charles Trenet a dit, un jour, une phrase qui m'a frappé: "Un artiste ne se retire pas. C'est le public qui se retire..." Il en est de même pour moi. C'est ainsi que si, en France, cela ne marche pas comme prévu... je crois bien que j'abandonnerai la chanson, ici», dit-il.

Ce qui ne veut pas dire qu'il se retire pour autant. Il y a le cinéma qui l'intéresse et le théâtre. D'ailleurs, en février prochain, une de ses pièces prendra l'affiche d'une salle de la métropole. Par la suite, elle fera une tournée en province. Il s'agit d'une comédie, *L'empereur Lamarre*, avec Jean-Pierre Masson, Louisette Dussault, Ernest Guimond, Denise Proulx et Damien Rousseau. Guy L'Écuyer aura deux cordes à son arc puisqu'il y sera comédien et metteur en scène.

Et puis, Raymond Lévesque compose toujours. «Le temps de la tendresse, c'est fini pour moi. Maintenant, je suis plus engagé socialement et politiquement dans mes textes. D'ailleurs, les gens me connaissent mal car lorsque je donne des spectacles... ils ne me retrouvent pas. Ils découvrent quelqu'un d'autre», dit-il.

Sa carrière n'a pas de cran d'arrêt, malgré certaines apparences. C'est ainsi que Raymond Lévesque a fait un microsillon qui sortira bientôt sur le marché. Un microsillon comprenant ses nouvelles chansons qui n'ont rien à voir avec celles d'il y a dix ans.

Autrement dit... on devra se grouiller... si on ne veut pas le perdre.

RAYMOND LÉVESQUE
Des lauriers au piano-bar

par Pierre Beaulieu
[*La Presse*, samedi 1er novembre 1980, page C6]

«En 34 ans de carrière, tu connais inévitablement des hauts et des bas. Un jour ça marche, le lendemain on ne te connaît plus. Et puis on te redécouvre. C'est pas grave. Depuis 73, ça marche moins fort dans mon cas, beaucoup moins bien qu'avant. Demain ça ira mieux, ça repartira. Il faut savoir attendre dans ce métier-là. C'est ce qu'il y a de plus important, la patience. Il faut laisser au temps le temps de faire les choses, je l'ai appris très jeune...»

Laisser au temps le temps de faire les choses...

Le 5 octobre dernier, Raymond Lévesque méritait un trophée, son premier, lui qui chante depuis 1946, un «Félix», sans doute le plus prestigieux décerné ce soir-là, que lui remettaient les membres de l'industrie pour l'ensemble de son œuvre. On le remerciait d'avoir été là, d'avoir ouvert, à la hache, un sentier qui est maintenant une autoroute. On s'excusait de l'avoir oublié si longtemps, on lui disait qu'on se rappelle maintenant, qu'on apprécie, qu'on le remercie, énormément.

Quelques jours plus tard ou plus tôt, je ne sais plus, la Société St-Jean-Baptiste annonçait qu'elle lui décernait le titre de Patriote de l'année. Pour les mêmes raisons sans doute, pour la lutte qu'il mène depuis toujours, pour la continuité, pour son honnêteté, sa fidélité.

Le nom de Raymond Lévesque flotte donc dans l'air. Maintenant qu'il ne se produit pratiquement plus rien dans la chanson québécoise, que les textes, que les auteurs se font de plus en plus rares, on regarde derrière et on réécoute, la larme à l'œil.

Je l'imaginais aigri, avant de rencontrer Raymond Lévesque, déçu de constater que l'on ait mis plus de 30 ans avant de récupérer son œuvre, lui qui avait déjà dû s'expatrier en France, au milieu des années 50, pour enregistrer un premier disque. Je m'étais trompé. Lévesque est content, heureux de voir qu'on ne l'a pas oublié, de constater qu'on l'aime, qu'on apprécie.

Quand les hommes vivront d'amour

«La Providence, ça existe, dit-il. Moi j'y crois. De toute façon, si tu ne crois pas, tu deviens fou, ou tu te suicides. Regarde ce qui m'arrive depuis quelque temps. Regarde ce qui est arrivé à "Quand les hommes vivront d'amour". J'ai fait cette chanson-là en 1956, mais ce n'est qu'en 76, tout à fait par hasard, qu'elle est devenue un succès.

Quelques heures avant le spectacle que donnaient Vigneault, Charlebois et Leclerc dans le cadre de la Superfrancofête, les gars décident qu'il leur manquait une chanson pour clôturer le show, une chanson de fraternité, puisqu'ils s'adressaient à la francophonie. C'est la femme de Vigneault qui a pensé à "Quand les hommes vivront d'amour". Ils ont aimé l'idée, ont écrit les paroles sur un bout de papier, ont répété quelques fois, pour finalement la faire le soir, et par conséquent l'enregistrer.

Assez bizarrement, c'est cette chanson-là, m'a-t-on dit, qui a remporté le plus de succès sur l'album. C'est un peu ça, la Providence. Moi je n'ai aucun gérant, aucun producteur pour investir, pour gagner son argent sur moi. Il me faut donc attendre. Et j'attends. J'attends parce que je sais qu'il se produira toujours quelque chose. Un jour ou l'autre.»

Souvenez-vous de vos...

«Je me souviens que le propriétaire du Continental – moi je chantais au Saint-Germain-des-Prés, juste au-dessus – avait fait venir de France un duo d'humoristes, Les Pinsons. C'était au tout début des années 50.

Comme c'était le cas pour plusieurs artistes français à la fin de la guerre, comme Yves Montand, entre autres, qui chantait sa guitare à la main et avec un chapeau de cow-boy sur la tête, Les Pinsons se spécialisaient dans la chanson western, qu'ils caricaturaient évidemment.

Un des deux membres du groupe s'appelait tout à fait par hasard Raymond Devos. Or, croyez-le ou non, Les Pinsons se sont fait virer magistralement. Tous les soirs. Au Québec, nos chanteurs western étaient déjà légion et n'avaient surtout pas besoin qu'on les caricature. Les gens ne comprenaient pas, les gens ne riaient pas, c'était le désastre chaque soir.

Remarque que la carrière de Devos ne fonctionnait guère mieux en France. Je me souviens de l'avoir visité dans un appartement minable, à Paris, au 19, rue du Pont-Neuf, je me souviens. Il jouait à l'époque des rôles tertiaires dans des pièces de second ordre. Et ce fut le cas pendant plusieurs années. Par contre, aujourd'hui, il est une vedette. Maintenant on le reconnaît.»

– Vous aviez plus de succès au Saint-Germain-des-Prés que Les Pinsons au Continental?

«Non (sourire). Je me faisais aussi virer (rire). Jacques Normand faisait d'abord son show. Pendant plus d'une heure il faisait rire les gens. Et puis j'arrivais avec mes petites chansons. C'était épouvantable...

... C'était épouvantable mais c'était normal. La chanson québécoise n'existait pas encore. Les gens écoutaient les artistes français, les Américains, et ne pouvaient pas concevoir que des chanteurs d'ici pouvaient également avoir du talent.

Félix avait une émission, le mercredi soir, à la radio de Radio-Canada. Je me souviens, c'était à huit heures moins quart, ça durait quinze minutes et ça s'appelait *Félix Leclerc et ses chansons*. Lui aussi se faisait démolir systématiquement chaque semaine. Les gens appelaient, après l'émission, pour demander le nom du maudit «tata» qu'ils avaient dû subir pendant quinze minutes. L'année suivante, pourtant, Félix remportait en Europe le Grand Prix de la chanson française.»

– Vous avez quitté le Québec pour les mêmes raisons que Félix?

«Je suis parti, en 54, pour l'aventure. Serge Deyglun allait visiter des membres de sa famille et j'ai décidé de l'accompagner. Parce que je n'avais rien d'autre à faire. Je ne savais pas combien de temps je demeurerais là-bas, mais j'y suis finalement resté six ans. Parce que c'était agréable.

J'ai vécu là les plus belles années. C'était les heures de gloire de la Rive gauche. On chantait à Montmartre aussi. En fait, on faisait quatre ou cinq boîtes par soir, chacune présentant 10 à 15 chanteurs et chanteuses. Après les spectacles, nous allions boire un verre ensemble, on refaisait le monde.»

Les racines

«Et puis soudainement, après cinq ans, tout a changé. Des gens comme Brel et Barbara, maintenant plus populaires, avaient changé de circuit, de rive. Personne n'avait plus le temps de rencontrer personne, de fraterniser, tout le monde travaillait, chacun de son côté, tout avait changé. Et puis je m'ennuyais du Québec. Je crois d'ailleurs que l'on finit toujours par revenir chez soi. Ailleurs, où que l'on soit, on est toujours un étranger. Les Québécois qui s'expatrient en Floride reviendront tous, j'en suis sûr, dans une dizaine d'années.»

– Maintenant qu'Eddy Barclay vous avait permis de faire des disques, que vous aviez remporté du succès en France, le Québec vous accueillait sans doute à bras ouverts?

«Bien sûr. Mais je pense qu'il était normal qu'on attende la réaction des Français. Il n'y avait qu'une poignée d'artistes québécois au début des années 50, les gens n'avaient aucune référence, aucun point de comparaison. Complexés, colonisés culturellement, il était normal que les gens attendent la réaction des Français avant de dire que leurs artistes avaient un certain talent.

Quand je suis revenu, aussi, c'était le début de la Révolution tranquille, Jean Lesage et son équipe du tonnerre prenaient le pouvoir. Un nouveau vent soufflait au Québec. La situation ne cessait de s'améliorer, les boîtes à chansons poussaient comme des champignons...

... Voilà pourquoi on ne s'est jamais découragé. On a toujours vu, on a toujours cru voir le bout du tunnel...

... Puis, la situation s'est gâchée. Les artistes ont commencé à demander des cachets exorbitants et la presque totalité des boîtes ont dû un jour fermer leurs portes...

Maintenant, pour vivre, je fais souvent du piano-bar, conclut Lévesque. Je distrais les gens, je chante des petites chansons, je les amuse. Parfois, quand on me le demande, je donne aussi quelques spectacles, beaucoup plus politiques, ceux-là, au sens le plus large du terme. J'écris, je fais encore des chansons. J'ai des projets plein la tête aussi. Je songe, par exemple, à demander à des mouvements chrétiens de subventionner une éventuelle tournée à travers le Québec. Il me semble que mes chansons sont suffisamment chrétiennes pour que je puisse me permettre de le leur demander. Le gouvernement du Québec m'a bien appuyé quand j'ai décidé de faire un show sur la pollution.»

Un autre hommage au Café Molière

Un nouvel hommage à Raymond Lévesque vient maintenant s'ajouter à ceux dont nous parlions tantôt.

Depuis une dizaine de jours et ce jusqu'au 24 novembre, le Café Molière, où l'on présente habituellement du théâtre, nous offre un spectacle intitulé *Quand les hommes vivront d'amour*, une rétrospective de l'œuvre de Raymond Lévesque où trois comédiens, Jacqueline Payette, Daniel Dubois et Nicole Goyette, interprètent des chansons, monologues et poèmes qu'il a écrits au cours des 30 dernières années.

«AVEC LE SUCCÈS, ON APPREND LA HAINE; AVEC LA DÉFAITE, ON APPREND LA VIE»

(Raymond Lévesque)

par Claire Caron

[*Journal de Montréal,* samedi 1er novembre 1980, pages 2-3]

«Ma plus grande qualité, c'est d'être là depuis longtemps; j'ai beaucoup d'endurance! Et puis j'ai tout de même écrit quelques chansons qui ont marqué.» Raymond Lévesque tente ainsi d'expliquer le fait que l'ADISQ lui remettait, le 5 octobre dernier, le trophée Témoignage en gage de l'admiration de tout le milieu artistique. «J'ai été soufflé! Jamais je n'aurais espéré une chose pareille; je n'en reviens pas encore!»

Pour cet humble poète, ce vagabond anarchique et philosophe, les honneurs, la gloire ne font pas partie du paysage quotidien et arrivent comme une perruque dans la soupe: «J'ai été ému surtout que Félix Leclerc prenne la peine de venir lui-même me remettre ce trophée. Mais Félix me connaît depuis longtemps, et connaît mes efforts. Tout ça m'a vengé de beaucoup de défaites et d'injustices qui ne sont peut-être pas réelles, mais que j'ai ressenties comme telles. En fait, je me suis toujours senti rejeté par le milieu "affairiste" du spectacle. Vous savez, le milieu artistique est devenu une industrie, et moi je suis resté artisan, un peu malgré moi d'ailleurs.» Raymond Lévesque a presque toujours travaillé seul, lançant ses messages à contre-courant et y croyant plus que jamais, malgré les embûches et les mouvements de la mode qui l'empêchent souvent de toucher autant de monde qu'il le voudrait. «Ça fait 34 ans que je fais ce métier; j'ai toujours été idéaliste et je le suis de plus en plus.»

Cinq ans à Paris

C'est à Paris que cette carrière a débuté, en 1954. Il y passa cinq ans: «J'étais parti en voyage avec mon ami Serge Deyglun. On a retrouvé Aznavour qu'on avait connu ici et d'autres copains. Je me suis mis à chanter un peu dans les cabarets et c'est comme ça que tout a commencé. Il y avait une bonne atmosphère sur la Rive gauche à ce moment, avec Brel, Béart et les autres. On était tous sur le même pied, on débutait. Puis le climat social a changé à cause de la guerre d'Algérie et d'autres événements. Et je suis revenu; remarquez, je serais revenu de toute façon. Les racines, ce sont des choses mystérieuses...» Pendant ces cinq années, quelques-unes de ses chansons avaient traversé l'océan, de sorte que Raymond Lévesque n'était plus un inconnu au Québec en 1959. Il passa alors 12 ans à La Butte à Mathieu, et y présenta environ 35 revues, en plus de quelques pièces de théâtre. Jusqu'ici, Raymond Lévesque a composé environ 50 revues qui sous le souriant couvert de l'humour se consacrent à des causes sociales.

Du travail d'information

«Je suis contre l'exploitation, je n'accepte pas la mainmise de l'argent sur le monde. Je traite aussi de thèmes comme la répression, la pollution. Je suis anarchiste, pour la suppression des États. La plus grande désillusion de notre temps, ce fut de croire qu'en donnant le pouvoir au peuple (c'est-à-dire en appliquant le principe de la démocratie), tout deviendrait meilleur, qu'un peuple qui avait été opprimé aurait plus le sens de la justice. Mais ce n'est pas vrai. Aussi, je crois qu'il faut éliminer tout ce qui s'appelle pouvoir. Malgré tout, je sais que c'est difficile de débarquer du système, mais il faut au moins voir où est le mensonge. Depuis des millénaires, on nous a vendu du mensonge, on nous a lavé le cerveau. Il y a bien sûr des gestes à poser, on ne peut pas être indifférent à ce qui se passe dans le monde. Moi, je fais surtout un travail d'information; j'ai fait des chansons, sur disque, qui parlent de ces choses-là. Mais, évidemment, elles ne tournent jamais; les gens ne sont pas intéressés.» De l'amertume? Pas vraiment. De la lucidité, certes. Raymond Lévesque connaît tous les rouages, toutes les ficelles du show-business, beaucoup plus pour les avoir subis que pour en avoir fait partie. Parce qu'il s'occupe toujours lui-même de ses affaires, il lui était difficile d'intéresser un grand impresario à sa carrière. Et à cause de ça, il a toujours été confiné aux petites salles; pas d'argent, pas de moyens.

Le bon monde, ça existe

Et sans jamais désespérer, il continue: «Les marchands se sont emparés du monde, et le monde se meurt. C'est ce que je dis dans une chanson. Ce n'est pas normal que tout se vende. Même la vie! On parle sans arrêt du coût de la vie; on se fait voler nos vies, et il faut les gagner. Ce n'est pas normal qu'il y ait un coût à la vie. On devrait vivre comme dans une grande communauté. Oui, je sais, ce sont de grandes causes. Mais je ne suis pas désespéré parce qu'il faut se dire qu'il y a des événements qu'on ne peut pas prévoir. Et parce que les gestes que l'on pose en vue de l'émancipation de la race humaine ne sont jamais perdus. Il y a beaucoup d'actions positives qui se posent, mais ce n'est pas nécessairement de ça que les journaux parlent. Dans la société, il y a beaucoup plus de gens qui vivent correctement que de gens qui vivent mal. Voilà pourquoi la société ne s'effondre pas. Il y a plus de braves gens que de voleurs et d'assassins!» Idéaliste et terriblement optimiste; voilà sans doute la clé de cette ténacité qui, au bout de 34 ans, lui permet d'affirmer qu'il y aura peut-être des changements dans sa carrière bientôt. «Je m'oriente vers une nouvelle forme de spectacle; du théâtre en solo, des spectacles où je développe seul des thèmes à l'intérieur de situations théâtrales. Je crois que ça peut permettre plus de qualité, d'ampleur et la possibilité de faire de plus grandes salles.» Évidemment, le véhicule demeure l'humour: «C'est la meilleure façon de faire passer les choses. Et même si on a l'impression d'être conscient de certaines situations, il ne faut pas avoir l'air d'un prédicateur!» Et les projets vont bon train. Pendant qu'une jeune troupe présente au Café Molière un montage de ses textes, et que l'auteur cherche une salle à Montréal où il pourrait interpréter le spectacle qu'il a joué durant l'été en Gaspésie et à l'île d'Orléans, Lévesque songe aussi à des livres et des courts métrages. Tout ça après *On veut savoir*, pièce à cinq personnages qu'il avait créée l'automne dernier à propos du référendum. «C'est la seule fois dans toute ma carrière que j'ai eu droit à une petite subvention, du ministère des Affaires culturelles...» Sans vouloir jouer au mauvais esprit, il aurait été étonnant que ce projet ne soit pas subventionné.

Raymond Lévesque prouve de façon indéniable son esprit batailleur et entêté; l'adversité le stimule et plus la cause est de taille, plus l'interlocuteur est récalcitrant, plus Lévesque mettra de fougue dans son plaidoyer. «Oui, je suis obligé de me battre sans arrêt. Mais même ceux qui réussissent doivent se battre, parfois même plus.» Et d'un ton dégagé, comme si tous ces efforts, ces démarches inlassables n'étaient que normaux et allant de soi, il conclut: «Il est important de connaître la défaite. Avec le succès, on apprend la haine. Avec la défaite, on apprend la vie.»

RAYMOND LÉVESQUE FRATERNEL

[*Le Devoir*, samedi 8 novembre 1980, page couverture]

L'industrie du disque vient de l'honorer. D'autres l'ont nommé «le patriote de l'année». Raymond Lévesque, lui, reste modeste, surpris de ses lauriers, mais heureux qu'on pense un peu à lui, ce chansonnier qui nous raconte depuis vingt ans son rêve de fraternité. Clément Trudel l'a rencontré.

LÉVESQUE ET L'ART D'ATTENDRE

[*La Presse*, samedi 1er novembre 1980, page couverture]

Cette année, alors qu'on semblait l'avoir oublié, Raymond Lévesque s'est vu décerner le titre de «Patriote de l'année» et a gagné un «Félix». «Dans mon métier, dit-il, il faut savoir attendre. Et j'attends. Je sais qu'il se produira toujours quelque chose. Un jour ou l'autre.»

RAYMOND LÉVESQUE FRATERNEL

par Clément Trudel
[*Le Devoir*, samedi 8 novembre 1980, page 21]

Dans la tête de Raymond Lévesque trottent des idées difficilement recevables dans l'état actuel de l'humanité. Est-ce normal de tendre à «donner, partager, s'entraider, se respecter, se donner la main, vivre heureux»? Est-ce normal de vouloir «déraciner ce mal qui nous ronge et qui s'appelle la Haine»? Autant voir en lui un prophète élégiaque dont le lyrisme serait porteur de dénonciations.

Est-ce bien lui, le Patriote de l'année 1980, qui a écrit:

La conspiration
contre l'homme
a glorifié la patrie
pour diviser les hommes,
a glorifié un chiffon
(le drapeau),
un ensemble de souvenirs
(l'histoire)
pour créer entre eux
un lieu qui n'existe pas.

Du christianisme et du socialisme, pense-t-il, on a fait un «fardeau hideux», un «échec» mais il ne faut pas désespérer pour autant, car viendra un temps où l'homme fera reculer toutes les craintes. «Le socialisme? Malheureusement, on l'attend... depuis la peste, le socialisme est le plus grand moyen d'élimination de l'humanité», a-t-il osé dire devant une abondance de traités marxistes, dans une librairie où il était l'hôte. «Les États sont l'ennemi... Toujours ils finissent par asservir l'homme» (en 1974, dans *On veut rien savoir*, chez Parti Pris).

Le discours que tient Raymond Lévesque ne change pas au gré des auditoires. Ce à quoi cet artiste aspire, ce n'est pas la gloire: «Les hommes s'accordent beaucoup d'importance, ils veulent être éternels et refusent de penser qu'ils vont disparaître.» Son mépris pour les militaires, auxquels les ordres commandent les massacres, n'a d'égal que son attachement à la seule Patrie possible, pétrie d'Amour et de Bonté.

Deux heures durant, à son domicile de Longueuil, il a évoqué cette semaine son enfance, les idées-clés de son œuvre et l'ossature de sa prochaine revue qui tentera de démolir une kyrielle de «mensonges» ou d'idées qui nous volent la seule vie que nous avons à vivre. Et sur la fin, Raymond Lévesque a réfléchi tout haut à cette idée qui l'obsède: la déchéance de l'homme.

Son père, Albert de son prénom, était un fin lettré, un éditeur qui aurait bien voulu que Raymond emboîte le pas: «À cause de problèmes émotifs ou de santé, mes études furent désastreuses. J'étais le grand dernier, derrière la classe. Ç'a été le drame de ma vie, avec l'avantage toutefois qu'à 16 ans je me lance dans des petits métiers: plongeur, *busboy* dans les cabarets ou les hôtels, où je récure les planchers. J'ai exercé les métiers des humbles et je crois être resté près des travailleurs et avoir conservé la sympathie qu'il faut pour bien exprimer ce qu'ils sont.»

C'est à La Hutte suisse, rue Sherbrooke, que Raymond Lévesque écoule sa bohème. Il n'a pas encore vingt ans, en 1945-46 et c'est là qu'il passe ses nuits à écouter et à parler avec son copain Serge Deyglun, avec Sylvain Garneau (jeune poète qui se suicidera à 23 ans). Mousseau et Claude Gauvreau sont là aussi, et parfois Michel Roy... qui «est devenu votre rédacteur en chef». Camus et Sartre hantent les lieux. Raymond Lévesque avoue que ses tout premiers essais dans la chanson «ne seront pas du plagiat» mais reflètent plutôt la «lumière et le soleil» que constituait alors pour cette jeunesse Charles Trenet.

Le *Refus global?* «Malheureusement, ce fut plutôt vague, je ne m'en suis pas rendu compte beaucoup. Mais j'avais le contact avec Mousseau et Gauvreau qui, eux, se trouvaient très près de Borduas.»

A-t-il pris part indirectement à cette volonté exprimée de rompre les servitudes? Raymond Lévesque dit son aversion pour le duplessisme:

«C'était vraiment le fascisme, sous Duplessis. Quand je pense qu'on cherche à redorer le blason de cet homme-là, ça me scandalise. Si j'ai un livre à écrire, ce sera bien sur ce thème-là. Qu'on sorte sa statue, ça ne me dérange pas tellement. On ne cache pas tout un pan de l'histoire, comme nous dit René Lévesque. Mais Duplessis a corrompu le Québec... je m'en souviens clairement. Dans ce temps-là, tout le monde avait peur. Je pense qu'ils avaient plus peur en ce temps-là qu'ils n'ont eu peur en 1970, parce que la PP (Police provinciale, devenue la Sûreté du Québec) était présente partout, une Gestapo qui avait tous les droits. On oublie trop qu'à Louiseville – lors d'une grève –, la PP entrait dans les maisons, allait chercher un gars, le battait devant sa famille et le laissait à moitié assommé.»

Ce rejet de l'étouffement progressif, la volonté de fuir un territoire où «on était un peu bouchés» conduit Lévesque à Paris où pour Félix (Leclerc), les chansons marchaient bien, tranchant avec les fantaisistes français de l'époque. «Paris, il s'y passe tellement de choses! Je n'ai jamais vu quelqu'un qui n'a pas appris, à Paris...»

Prise de conscience du colonialisme et de la répression – c'est la fin de la guerre d'Indochine et, quelques mois plus tard, le début de la guerre d'Algérie et toutes ces rumeurs de torture. Lévesque y écrit un poème sur les militaires:

Ils sont le malheur et la bêtise
Ils sont le témoignage de l'horreur qui est en l'homme

Ce Québécois est témoin des passages à tabac d'Arabes. Dans divers coins de Paris, ils sont «arrêtés, matraqués, bousculés, bafoués». Il se souviendra. Il tient le silence de chacun pour complice des horreurs qui se commettent partout: «Si vous laissez faire les fous / ceux-ci vous enchaîneront / et détruiront tout.»

Les dollars
c'est l'anticivilisation
c'est l'exploitation
du Tiers-Monde
le vol de ses richesses

«Les bonnes intentions, écrira-t-il dans *Le temps de parler* – l'éditeur Fides nous le présente comme un idéaliste chrétien – ouvrent la voie aux prisons, aux bûchers et aux tortionnaires.» Si l'on réprime les peuples, c'est que la cupidité et la soif de pouvoir (et de profit) ne sont jamais comblées.

Ses raisons d'espérer, le poète-chansonnier dit les puiser dans le Christ:

C'était mon frère;
Personne ne l'a compris
et, encore aujourd'hui,
on se glorifie de Lui;
mais les gens s'entretuent,
se volent et se haïssent.

À l'époque – décidément, la grande noirceur ne sera jamais gommée chez les survivants du duplessisme –, la religion était une «espèce de terrorisme moral et de marchandage», selon Lévesque. Tout finissait sur des trucs d'argent. Et que dire de la répression sexuelle? «Vraiment incroyable, les ordures que l'on sortait à propos des femmes, en classe, au Mont-Saint-Louis; ainsi qu'à l'école Olier, le "fou" qu'était le principal – Lévesque en a tiré un monologue – venait nous parler de l'enfer, il tombait en transe. Il y a eu une révolution normale et je la trouve très bien, cette mise à l'écart du clergé, sans une goutte de sang. Les églises se sont vidées.»

Deux anecdotes lui reviennent à l'esprit: un curé sort d'un confessionnal, poursuit un garçonnet qu'il gifle à plusieurs reprises en lui criant: «Cochon, hors d'ici.» Et à La Miséricorde, hôpital qui accueillait les mères célibataires, Lévesque avait un ami, chauffeur de fournaises, qui entrouvrait pour lui ce monde interdit des «filles-mères». On faisait faire de durs travaux à ces jeunes personnes enceintes, les Sœurs étaient dures envers elles. Tout devenait péché à châtier. Il y avait la censure, la mise à l'Index des livres. La façon la plus négative de prêcher une religion, avec des Fêtes qui n'en finissaient plus, entraînant un tas d'obligations rituelles...

L'autodidacte Raymond Lévesque éprouve de la nostalgie, par procuration, pour la «formation générale complète qu'offraient les collèges classiques, dans le temps. Une base que, je pense, on ne retrouve pas aujourd'hui. Je pense qu'on revient à quelque chose d'un peu plus équilibré, surtout après ce scandale autour du français écrit. Si les jeunes d'aujourd'hui connaissent mal leur histoire, c'est voulu, enchaîne Lévesque. À mon fils François, j'ai tout conté, les Patriotes et ce courant d'émancipation souvent mal compris. Le nationalisme, vous savez, part souvent d'un mouvement émotionnel. Je me rappelle les brimades que subissaient les soldats québécois à l'entraînement au Manitoba, au début des années 40. *Le Devoir* en faisait largement état, j'étais adolescent.

Plus tard, rentrant de France en 1959, j'entendis parler pour la première fois d'indépendance: une trentaine de jeunes, dont Pierre Bourgault et Guy Sanche, avaient organisé une marche; leur photo était publiée dans les journaux (vous savez, dans mon métier, il faut que je côtoie bien l'actualité). J'ai compris que la Confédération n'était ni éternelle ni immuable, et qu'un contrat dont on n'est pas content, ça se change ou ça se brise. En 1960, je me suis mis à chanter l'indépendance mais les Québécois n'osent pas huer un interprète, ils ont une certaine retenue. À Paris, les «Patriotes» huaient copieusement Boris Vian qui chantait «Le déserteur», ce pacifiste qui dérangeait...»

«On s'est fait laver le cerveau, on nous programme par le mensonge», dira plus loin Raymond Lévesque qui souhaite bien la réimpression du *Temps de parler* mais Fides hésiterait, du fait que l'auteur veuille revenir à une première version de poèmes que le directeur de la collection «Voix québécoises» lui avait fait remanier.

«Quand on dénonce la colonisation du Québec, ce n'est pas apprécié par tout le monde. Ça ne m'arrête pas. J'ai été le premier à comprendre les gars du FLQ – dans "Bozo-les-culottes" – et dans l'après-référendum, je fais partie d'un très petit groupe qui prend position, pour rendre service, pour dire à René Lévesque (lettre parue le 29 sept. dans *Le Devoir*) qu'il s'est assagi et risque de perdre les péquistes "les plus croyants".

La fraternité plaît davantage que la Patrie à un artiste engagé qui, avec sa femme Céline, a mis au point un diaporama sur le Tiers-Monde et fait une tournée chapeautée par l'organisme catholique Développement et Paix. Répression, famine, horreurs, torture, malheurs de tous genres se succédaient dans ce montage «assez aride». Didactique, ce montage «matraque les gens», va répétant que l'argent et les militaires confortent la dictature et qu'il ne faut se plier ni au mensonge, ni à l'exploitation, ni à l'esclavage, ni à cette forme d'obéissance aveugle qu'obtiennent des hommes politiques peu enclins à prêter l'oreille aux humbles.

De préférence, Raymond Lévesque va à une «façon concentrée de dire les choses» qu'est la poésie. Sa prochaine revue vise à redire qu'il n'est pas vrai que les braves gens qui s'entassent chaque matin dans le métro soient rivés à un «travail aucunement en rapport avec leurs désirs et leurs dons». Non pas pour multiplier les drop-out, ni pour pousser les petites gens «dans le trou». Pour faire prendre conscience que l'homme d'aujourd'hui est «conditionné à faire n'importe quoi», et qu'il faut renverser le courant.

Déchéance de l'homme et péché originel, tel que la Bible le rapporte, voilà un thème qui préoccupe ce patient «moraliste» (qualificatif qu'il n'accepte pas, mais n'a-t-il pas le dessein de changer nos mœurs?). Il croit à la Création. Il pense que l'évolution est «un outil de Dieu». Que les hommes ont déjà été «normaux», c'est-à-dire généreux et capables de partager fraternellement. Une catastrophe s'est produite. En l'homme est apparue la Haine. Dès ce moment, l'homme est resté taré, amoindri. Lévesque s'étonne que les hommes de science ne fouillent pas plus de ce côté, «pour cerner quel type de catastrophe est survenue». «J'ai rarement vu les hommes faire des gestes intelligents, constate-t-il: avez-vous déjà vu 1000 chats s'armer de matraques et de casques de fibre pour s'en prendre à 1000 de leurs semblables? dit ce "rousseauiste" invétéré. Car il fut un temps où l'homme était bon...»

Des recherches sur la cause du tohu-bohu contemporain aboutiraient sans doute à faire progresser plus sûrement le cerveau de l'homme. Espoir ténu. Raymond Lévesque nous laisse sur ces aphorismes: «Là où il n'y a pas de bonté, il n'y a pas d'intelligence. Nous sommes une espèce périssable et la mort importe peu, c'est ce que l'on fait de la vie qui compte. La mort, je n'en sais rien, je n'y peux rien; c'est triste quand ça arrive à des amis. Être éternel, je ne vois pas pourquoi. Devant l'inconnu de la vie, je pense qu'on a tous un peu les mêmes inquiétudes.»

RAYMOND LÉVESQUE
Un demi-siècle de FrancoFolie:
«À 68 ans, je me cherche encore un gérant»

par Jean Beaunoyer
[*La Presse*, samedi 27 juillet 1996, page D1]

Il était temps qu'on dise à Raymond Lévesque qu'on l'aime, mais il ne l'entendra pas. Avec une capacité auditive qui se situe entre trois et quatre pour cent, l'homme de 68 ans est presque sourd. Cependant, il pourra voir le 3 août prochain, à la salle Maisonneuve de la Place des Arts, des interprètes et des amis de toujours se lever et applaudir 50 ans de carrière, de chansons, d'interprétations, de textes et d'amour. Un soir dans sa vie, Raymond Lévesque verra des hommes vivre d'amour.

Comme d'habitude, celui qui a joué Médée à la télévision, le grand frère sacrifié dans un texte de Marcel Dubé, n'acceptera pas tout à fait ces hommages. Il n'a jamais su. Sa carrière aura été celle de l'humilité.

«Je ne m'attendais pas à cette fête. Il semblerait que ce soit une idée de Guy Latraverse. Je veux que ce soit la fête de mes confrères et je pense à Rolland D'Amour, à Jacques Blanchet et à Lionel Daunais. Quand j'ai commencé en 1946, ce n'était pas le Québec d'aujourd'hui. La mode était à la chanson française et nos chansons laissaient les gens indifférents. On me demandait souvent pourquoi je ne chantais pas des chansons de France. Les vedettes de l'époque avaient peur de chanter des compositions de moi, de Rolland D'Amour et de Daunais. Le seul qui a osé a été Fernand Robidoux et on lui doit une fière chandelle. Il a été le premier à endisquer, en 1949, vingt-quatre de nos chansons. Guy Mauffette nous a aidés également en nous invitant à son émission *Baptiste et Marianne* à Radio-Canada. Mais c'est en France que tout a démarré.»

Nous y voilà! «Il nous fallait la signature de l'étranger pour réussir», m'avait déjà dit Félix Leclerc. Et c'était aussi vrai dans le cas de Raymond Lévesque.

De 1954 à 1959, il vit toute la gamme des émotions à Paris où il tente de faire carrière en compagnie de Jacques Brel et Georges Brassens. Au début, c'est la misère. Raymond Lévesque se souvient d'avoir fait du porte à porte: «Paris, je l'ai marché en esti», qu'il me dit avec la verdeur qu'on lui connaît. Il n'a pas plus le sou, vend son billet de retour et mange des croissants du matin au soir. Félix Leclerc le rencontre en face du parc Monceau par hasard et lui dit: «Tu as faim, hein? Viens manger à la maison.» Lévesque propose ses chansons à Édith Piaf qui rétorque: «Jeune homme, moi je ne chante que l'amour.»

Le jeune Lévesque a compris et il compose «Quand les hommes vivront d'amour» mais c'est un Américain de Californie installé à Paris qui va créer la chanson: Eddie Constantine.

«Eddie avait connu dix ou douze ans de misère avant de percer à Paris. Quand il m'a vu, aussi dépourvu que lui à ses débuts, il a sympathisé, il m'a aidé et il a endisqué "Quand les hommes vivront d'amour" et "Les trottoirs". Un peu plus tard, Bourvil, Guylaine Guy, Barbara enregistrent des compositions de Lévesque qui devient l'un des auteurs québécois les plus connus à Paris. Il est aux portes de la célébrité alors que «Les trottoirs» et «Quand les hommes vivront d'amour» se retrouvent parmi les meilleurs vendeurs en Europe. Et pourtant... il revient au Québec.

«Je revenais de Paris pour six mois, mais il y a eu des contrats, la télévision, des spectacles... J'avais pas la confiance, l'ampleur pour faire une grande carrière là-bas. Il aurait fallu que je sois bien dirigé. Vous savez, les Brel, Brassens, c'était pas des débrouillards. C'est l'impresario Jacques Canetti qui les a mis au monde. Sans lui, Brel serait retourné à la fabrique de ses parents en Belgique et Brassens, dans sa petite librairie. Le génie de Céline Dion, c'est son gérant René Angélil. On traîne longtemps ses illusions dans ce métier et moi, à 68 ans, j'attends encore un gérant pour faire une grande carrière. J'aurais tellement aimé mieux réussir. À Paris, dans les petites boîtes, j'étais le seul à me produire avec un yukulélé mais dans une grande salle, ça ne passait pas.»

Sa femme, Céline, avec qui il a eu deux beaux enfants, Marie-Marine et Jean-Vivier, ajoute qu'il n'a pas le caractère pour travailler sous la direction d'un gérant. C'est probablement vrai mais qu'importe, c'est fête aujourd'hui.

À son retour de Paris, en 1959, Lévesque se laisse facilement convaincre de la nécessité de se prendre en main, mais cette fois-ci au niveau collectif. C'est Guy Sanche (l'interprète de Bobino) qui, le premier, lui parle d'indépendance. Lévesque écoute Bourgault «et j'ai été d'accord tout de suite, dit-il, les Anglais du Canada n'ont jamais voulu de nous autres». C'est tranchant, sans appel, même aujourd'hui.

«L'indépendance, c'est une question de justice. La nation, je ne crois pas à ça, c'est pas vrai. C'est la raison d'être des États, des possédants. Les gens sont programmés avec le drapeau, l'hymne national et l'histoire. Regardez ce que les Allemands ont fait de la nation. La Russie, ce n'est pas une nation quand la moitié du pays surveille l'autre. Ce qui est important, ce sont les liens du cœur.

J'ai composé "Bozo-les-culottes" en 1963 alors que de jeunes militants pour une cause en laquelle ils croyaient ont posé des bombes. J'ai découvert par la suite que je connaissais ces gars-là. Ils ont fait ça pour l'amour du Québec et les Québécois se sont virés contre eux. Ils n'ont pas compris leur geste... Au début, Pauline Julien ne voulait pas chanter "Bozo-les-culottes", c'est son compagnon Gérald Godin qui a mis de la pression.»

Monsieur Lévesque, est-ce qu'un jour les hommes vivront d'amour? ai-je écrit sur un bout de papier.

«Oui, mais ça va prendre un bout de temps. Les valeurs sociales nous divisent mais un jour, ça va changer!»

JEAN-PIERRE FERLAND N'A PAS OUBLIÉ...

par Jean Beaunoyer
[*La Presse*, samedi 27 juillet 1996, page D2]

C'est Guy Latraverse qui a imaginé cette fête en l'honneur de Raymond Lévesque à la Place des Arts. Et c'est Jean-Pierre Ferland qui a préparé et qui animera ce spectacle avec la ferveur qu'on lui connaît.

«On a commencé ensemble, raconte-t-il, et Raymond m'a appris mon métier. Souvent il m'appelait son meilleur ennemi parce qu'on s'engueulait souvent. C'était à l'époque des Bozos dont je faisais partie. Quand il a commencé dans le métier, c'était très difficile de percer et il prétendait qu'il fallait manger de la vache enragée pour réussir. Moi, je n'étais pas d'accord.»

Ferland a été l'un des enfants gâtés de la chanson québécoise et s'il n'a pas mangé de la vache enragée, il n'a pas oublié ce que la chanson d'ici devait à Raymond Lévesque.

«Il a été le premier à être chanté par les Français. En fait, lui et Félix ont été les premiers à se manifester en France. Il écrivait vite et ne fignolait pas ses chansons, mais il écrivait des chansons qui marquaient. "Quand les hommes vivront d'amour" était d'avant-garde. Il utilisait un nouveau langage. Il pouvait aussi être local avec "À Rosemont sous la pluie" ou "La famille".

On entendra les plus belles chansons de Raymond Lévesque samedi prochain à la salle Maisonneuve de la PdA alors que plusieurs artistes n'ont pas hésité à rendre hommage à celui que Ferland considère comme le plus ancien des auteurs-compositeurs vivants. Renée Claude, Paul Piché, Daniel Lavoie, Dan Bigras, Sylvie Tremblay, Jean-Guy Moreau, Clémence DesRochers, Luc Plamondon, Jean Lapointe et peut-être d'autres invités-surprises ne chanteront que du Lévesque et ce, tout à fait bénévolement.

«Il doit se sentir tout seul, confiait Jean-Pierre Ferland. Il était temps qu'on lui fasse la fête et ça me tente d'être osé. Il ne peut pas comprendre ce qu'on dit, alors ça me tente de lui faire des signes épouvantables sur scène. Raymond a gardé son sens de l'humour qu'il a acquis en France à ses débuts. Ça sera vraiment une fête. Il n'est pas question de pitié, il est tellement heureux de cet événement.»

Il n'est pas question de pitié lorsqu'on parle d'un monument. On lui remettra les recettes de la soirée en glissant un chèque sous son oreiller le lendemain de la fête. Raymond Lévesque vit dans une coquette maison de Longueuil et a touché plus de 200 000 $ en droits d'auteur pour une chanson qui ne mourra jamais: «Quand les hommes vivront d'amour». Mais ce montant s'échelonne sur 40 ans de diffusion. Ce n'est pas beaucoup par année: «Ce n'est pas en écrivant une chanson française à succès qu'on devient riche, disait-il. Il aurait fallu l'écrire en anglais.» Ce qui n'est évidemment pas dans sa nature.

Lors du spectacle, l'interprète Renée Claude chantera «La famille» et «L'héritage humain» en compagnie de Daniel Lavoie. «Raymond Lévesque est une figure importante de l'histoire de la chanson française, disait-elle. Il fait partie de la génération des Bozos qui a produit des auteurs-compositeurs très importants. Au début de ma carrière, j'ai chanté les auteurs de France et puis j'ai chanté les chansonniers du Québec.»

Renée Claude a été, à l'époque des boîtes à chansons, la seule interprète, avec Pauline Julien, à chanter uniquement des compositions québécoises. Et ça, Raymond Lévesque ne l'a pas oublié.

LES FRANCOFOLIES
Le géant oublié
Amer? Plus maintenant!

par Pierre Cayouette
[*Le Devoir*, samedi 3 et dimanche 4 août 1996, pages B1-B2]

Les FrancoFolies rendent hommage à Raymond Lévesque.

Il n'est pas «mal-entendant», le vieux Raymond. Il est sourd. Comme un pot. Il n'entend plus rien. Il ne s'entend même plus jouer du piano. Et quand il accompagne Céline Arseneault, sa fidèle complice des dernières années, il doit lire les paroles sur ses lèvres pour suivre la cadence. Il est têtu, le vieux Raymond et il y parvient. Il n'est pas dur d'oreille, le poète. Il est sourd comme un pot. Pour vous dire à quel point tout cela est cruel, disons qu'il n'a jamais entendu la belle Luce Dufault interpréter «Quand les hommes vivront d'amour». C'est chien, mais c'est comme ça. On a tout essayé. On lui a collé mille fois l'oreille contre le haut-parleur. Rien n'y fit. Il n'as pas entendu la voix belle à en déchirer l'âme de Luce Dufault.

«Moi, c'est la paralysie des nerfs auditifs. L'oreille interprète pas les mots», s'est-il excusé avec ses grands yeux tristes et son sourire si doux. J'avais les yeux dans l'eau et, du coup, j'ai oublié mon plan d'entrevue. Ce n'était pas très grave. Parce qu'il n'y a jamais eu d'entrevue. Il y a eu un monologue de sourd.

Raymond Lévesque est un géant oublié, un pionnier de la chanson québécoise à qui Ferland, Charlebois et même Les Colocs doivent beaucoup. Mais c'est avant tout un modeste.

«L'hommage des FrancoFolies? Ça me touche beaucoup. Je m'attendais pas à ça. C'est Jean-Pierre Ferland et Guy Latraverse qui ont imaginé ça. J'veux pas que ce soit ma fête à moi tout seul. J'veux aussi que ce soit la fête de tous ceux qui m'ont aidé et qui m'ont accompagné à mes débuts, en 1946, et après. J'aimerais qu'on rende aussi hommage à Jacques Blanchet, à Guy Mauffette, à Fernand Robidoux, qui a été le premier à "endisquer" mes chansons, et à tous les autres. C'est aussi leur fête à eux. Vous savez, c'était pas facile à cette époque-là. C'était le temps de Duplessis. Le Québec était un pays écrasé. Il fallait du courage pour faire de la chanson ici», insiste-t-il.

Un des leurs

Dans ce pays amnésique, à peu près tout le monde connaît minimalement Raymond Lévesque. Tous savent qu'il a écrit «Quand les hommes vivront d'amour», qu'il parle avec une patate chaude dans la bouche – un peu moins bien que ceux qui l'ont imité! – et qu'il envoie de nombreuses lettres ouvertes aux journaux. Peu de gens savent, hélas! que c'est un musicien accompli qui a appris le piano avec nul autre que l'illustre Rodolphe Mathieu. Peu de gens savent aussi qu'il a chanté dans les mythiques cabarets parisiens des années 50 en compagnie de ses amis Brel, Barbara, Ferrat et Béart. Il était l'un des leurs. Quand je lui rappelle cette époque (par une question écrite dans mon calepin), il s'allume et raconte avec une grande générosité.

«Je suis arrivé à Paris le 1er mai 1954. J'étais accompagné de mon ami Serge Deyglun. J'ai commencé à chanter sur la Rive gauche, à L'Échelle de Jacob et à L'Écluse. J'ai connu Brel en juillet. Il arrivait de Bruxelles avec sa guitare. Il était fauché. On était tous fauchés mais il y avait beaucoup d'entraide. On chantait dans les boîtes mais on n'était pas payés beaucoup. C'étaient de petites salles de 50 ou 60 places. On faisait quatre ou cinq chansons puis on courait vers une autre boîte. Je croisais parfois Brel en chemin. On se refilait des contrats. Vers 3 heures du matin, on se rencontrait tous à L'Échaudée et on buvait un pot. C'était la fin de l'époque de la bohème. Un jour, à la fermeture des boîtes, un grand garçon timide, ingénieur des Ponts et Chaussées à Paris, nous a chanté ses chansons. Il s'appelait Guy Béart... Ça a duré trois ans, à peu près, cette belle époque», se souvient-il.

Raymond Lévesque est revenu au Québec en 1958. Il a rejoint Hervé Brousseau, Clémence DesRochers, Ferland, André Gagnon et Claude Léveillée dans l'aventure des Bozos. Puis il a monté des dizaines de revues satiriques. Mais avant son retour à Montréal, un événement allait bouleverser sa vie.

«"Quand les hommes vivront d'amour"»? C'est Eddie Constantine qui l'a créée en 1956. J'étais allé le voir dans sa loge à l'Olympia, entre deux spectacles. Il se reposait. Il m'a reçu parce qu'il m'aimait bien. Je lui ai dit: "Je voudrais vous chanter ma nouvelle chanson." Il n'y avait pas de piano. Alors je me suis mis à chanter, debout, comme ça, avec mon papier. Il est resté silencieux puis m'a dit, comme ça: "Si t'es d'accord, je l'enregistre." Si Constantine ne l'avait pas prise, je me demande bien qui l'aurait chantée. C'est pas Montand qui aurait chanté ça. Pas la Piaf non plus.» C'est ainsi qu'est né l'un des classiques de la chanson d'expression française, une chanson traduite en allemand et en espagnol. J'en ai réalisé l'ampleur, l'an dernier, dans un restaurant de Brive. Le chef cuisinier d'un grand restaurant de la place nous a demandé: «Vous êtes québécois?» puis il s'est mis à chanter "Quand les hommes vivront d'amour". Bien sûr, il avait un peu bu, le gros cuistot. Mais il a quand même ajouté: «C'est la plus belle chanson que je connaisse.»

Raymond Lévesque n'a toutefois pas écrit que des classiques. Il s'empresse d'ailleurs de le préciser. Modeste, disions-nous. «Dans ce métier-là, il faut produire beaucoup pour avoir un truc qui marche. Il faut être patient. Moi, des chansons, j'en ai écrit 400. Je calcule que j'en ai à peu près 60 de bonnes. J'en ai sept ou huit qui ont marché.» Il est peut-être sourd, le vieux Raymond, mais il voit clair.

«Je vais vous le dire franchement, ma carrière, ça n'a pas très bien marché. Faut pas mélanger mes chansons et ma carrière. J'ai des chansons qui ont bien marché. Mais moi, en tant qu'artiste, ça a été très moyen. J'aurais peut-être pu faire mieux. Mais je n'ai jamais eu quelqu'un pour m'appuyer. Dans ce milieu-là, il faut un gérant qui investit sur nous, qui nous conseille. Moi, j'en avais pas. Mais ça fait 50 ans que je fais ce métier-là et j'ai toujours gagné ma vie. Je n'ai jamais lâché bien que je n'étais pas un fonceur. La plupart des artistes ne sont pas des fonceurs. Félix Leclerc était un timide. C'est Jacques Canetti qui l'a lancé en France. Moi je n'ai jamais pu aller plus loin que les boîtes.»

Est-il amer pour autant?

«Amer? À un moment donné, je l'ai été. Mais je ne le suis plus. Encore bien moins depuis que je sais que les FrancoFolies me rendent hommage!» répond-il.

Pour célébrer les 50 ans de carrière de Raymond Lévesque, les FrancoFolies de Montréal lui consacrent donc ce soir un spectacle-hommage. L'initiative est de Jean-Pierre Ferland et Guy Latraverse. Sylvie Prégent assure la mise en scène. Paul Piché, Robert Charlebois, Les Frères à ch'val, Luce Dufault, Dan Bigras et d'autres invités viendront chanter «À Rosemont sous la pluie», «Bozo-les-culottes», «Les trottoirs» et autres refrains oubliés. Céline Arseneault chantera «Son cœur», accompagnée par Raymond. Ce sera très beau. Je les ai entendus quand ils répétaient. Raymond Lévesque n'entendra rien, évidemment. Mais il aura tout compris. De pareils cris d'amour ne tombent jamais dans l'oreille d'un sourd.

LA FÊTE À
RAYMOND LÉVESQUE
Au théâtre Maisonneuve
Ce soir, 20 heures

ARTS ET SPECTACLES
Mon cher Raymond...

par Josée Lapointe
[*Le Soleil*, lundi 5 août 1996, page D3] *Collaboration spéciale*

MONTRÉAL — «C'est le plus beau soir de ma vie», a affirmé d'emblée Raymond Lévesque, lors de la grande fête que les FrancoFolies lui avaient organisée samedi. Le moment était grand pour lui, certes, mais aussi pour le public qui a redécouvert les œuvres magistrales de cet immense poète.

Comment se fait-il que nous ne connaissions pas, ou si peu, d'aussi fortes chansons qu'«Au temps qui ne revient plus», «L'auberge fameuse» ou «Paulin»? Que s'est-il passé pour que ces textes universels soient tombés dans l'oubli?

Peu importe la réponse, samedi, une foule d'artistes étaient là pour une seule chose: rendre justice à ce «monument oublié» qu'est Raymond Lévesque, comme l'a décrit l'animateur de la soirée, Jean-Pierre Ferland. Ils étaient tous réunis, générations confondues, pour chanter et dire ces mots écrits il n'y a pas si longtemps, mais témoins d'une autre époque.

«J'ai commencé à chanter en 46. Dans ce temps-là, c'était la grande noirceur, et les gens n'en avaient que pour ce qui venait de France», a raconté Raymond Lévesque lorsqu'il est venu remercier. L'homme est humble, au point de prendre la peine de rappeler l'importance d'autres personnes qui, comme lui, ont tenu à bout de bras la chanson québécoise alors qu'elle n'était pas «in».

Toute cette fête aura donc été un long crescendo d'émotions fortes, mais jamais larmoyantes. Un seul regret: que Raymond Lévesque, à cause de sa surdité, n'ait pu entendre les interprétations de ses chansons.

Luce Dufault, Isabelle Boulay et Sylvie Tremblay ont été toutes trois sublimes de retenue et de sensibilité. Paul Piché s'est approprié de belle manière les chansons plus politiques («Bozo-les-culottes» et «Québec mon pays»). Dan Bigras, comme toujours, a été d'une intensité sans frime. Les Frères à ch'val ont repris les chansons plus «party» comme si elles avaient été écrites pour eux. Daniel Lavoie, lui, était sincèrement fier d'interpréter «L'héritage humain» avec Renée Claude. Luc Plamondon a rigolé un coup en lisant le poème «Le sacrage». Et Clémence DesRochers a rendu à merveille un monologue de son vieil ami, dont la morale est: «Il vaut mieux partir ou arriver que rester.»

Dans cette soirée riche, Raymond Lévesque a été digne et fier, et démontré qu'il n'avait rien perdu de sa verve. C'est lui qui nous a donné LE grand frisson, en chantant avec Jean-Pierre Ferland son texte préféré, «Maryse», tout en s'accompagnant au piano.

«Pourquoi la mort, Maryse?» Il a prononcé cette dernière phrase, seul, comme si toute la peine du monde pesait sur ses épaules de grand enfant.

Et pour la finale, il était là, assis au piano, entouré de ses amis émus qui chantaient en chœur «Quand les hommes vivront d'amour». Luce Dufault, la main sur son épaule, lui communiquait les vibrations qu'il y avait à ce moment-là dans la salle. La chanson n'était pas encore finie que le public était debout pour lui montrer, une dernière fois, qu'il reste à tout jamais dans nos mémoires.

Correspondance

Raymond Lévesque et Gilles Vigneault
Crédits photo: Benoît Lapointe

Raymond Lévesque, Paul Rose et Sylvain Rivière.
Crédit photo: Benoît Lapointe

Juin 1982

Mon cher Sylvain,

Benoît m'a appris que tu vis maintenant aux Îles. J'en suis très heureux pour toi. C'est un pays que je connais bien et où j'ai plusieurs amis.

J'arrive d'Europe. Un voyage difficile. J'en reviens un peu déprimé et sans travail. Est-ce que tu pourrais t'informer si je ne pourrais pas faire un spectacle aux Îles? Je t'en serais très reconnaissant.

J'espère que tout va bien pour toi et que l'inspiration t'est toujours fidèle.

À bientôt de tes nouvelles,
Raymond Lévesque
640 St-Jacques
Longueuil – J4H-3C6

6 janvier 1984

Mon cher Sylvain,

Merci pour tes vœux. Je te transmets les miens «santé, succès et sagesse» ainsi que de la part de Marie-Marine, Jean-Vivier (7 mois) et Céline (7 ans, même âge que Marie-Marine).

Je présume que tu te débrouilles bien – ou qu'au moins tu manges tous les jours. Ici c'est comme ça; quand on a fait le marché – le reste est sans importance. Je viens de terminer un nouveau recueil «Le petit livre noir». Je vais voir Alain Stanké la semaine prochaine. Côté spectacle, c'est tranquille. Je suis en train de changer mon style: Rock et Jazz. Je vais peut-être aussi me maquiller en noir.

Merci de tes nouvelles. Salutations également, et meilleurs souhaits, à ton camarade.

Amitié,
À bientôt,
Raymond

20 août 1984

Cher Sylvain,

Ce fut quelquefois orageux, mais tout compte fait, un merveilleux voyage. Tu t'es dépensé beaucoup pour moi; je ne crois pas le mériter mais t'en suis très reconnaissant. Le charme ce n'est pas que l'espèce va disparaître, mais c'est qu'il y en ait, quand même, qui ont de l'allure.

Au plaisir de te revoir. Amitié ainsi qu'à Donald.

Raymond

P. -S.: J'ajoute un mot d'excuse pour la sœur à George Langford.

12 mars 1986

Cher Sylvain,

Merci pour ta lettre. Ce prix me venge de bien des mépris et des humiliations. Par contre, l'ouvrage demeure rare. Mais je ne suis pas tout seul. Je ne sais quand j'irai en France*, car mon chèque de 4000 $ s'est engouffré dans les dettes. Mais d'ici l'été il devrait m'arriver autre chose. J'étais content de ta visite et j'espère te revoir plus souvent.

Amitié ainsi qu'à Donald,
Raymond

* J'ai gagné aussi 2 billets d'avion.

Longueuil, le 20 novembre 1986

Mon cher Sylvain,

Grand merci pour ces deux livres que tu me fais parvenir et félicitations. Je vais publier aussi chez Leméac mes mémoires (le titre reste à discuter) qui vont sortir fin janvier. Je crois que c'est une bonne maison et les gens y sont très sympathiques.

J'ai su par Paul Rose que tu étais passé à Montréal. Mais comme toujours tu as dû être débordé. La prochaine fois, j'espère bien te voir.

Pour ce qui est du travail, je suis comme toi «un jobber». Petit contrat par-ici et par-là. Ce n'est pas la fortune mais je m'en sors quand même. J'espère ouvrir en janvier un petit théâtre de poche rue Saint-Denis. J'ai deux nouvelles pièces de terminées. «Deux mille ans après Jésus-Christ» et «La waitress». J'espère que ça va marcher, car côté spectacle solo, je n'attire plus grand monde. Je suis un vieil artiste. Côté théâtre, j'ai peut-être plus de chance... car c'est la pièce qui compte et pas nécessairement toujours les artistes. La preuve c'est qu'il y a des pièces qui marchent très bien avec des inconnus.

Mes enfants sont comme deux «miracles» de beauté. Je les adore. Ils sont mon soleil. Heureusement que je les ai. Avec Céline, ça va très bien et continuons de nous entraider. J'espère un jour pouvoir retourner aux Îles. D'ici là, tu salueras Yvon et Bernadette. Amitié également à Donald. Merci pour le poème que tu m'as dédié.

À bientôt vieux frère,
Salut - *Raymond*

Longueuil, le 19 juin 1987

Mon cher Sylvain,

Je continue à survivre, comme dans la chanson de Boy George «Every day is like survival». Comme tu vois, pour un vieux, je suis encore dans le vent. J'espère que tu survis le mieux possible, toi aussi, en attendant la Résurrection, et le gros party Éternel, que nous avons déjà commencé.

Amitié,
Raymond

Longueuil, le 13 septembre 1987

Mon cher Sylvain,

J'ai su par monsieur DuPerron que tu avais travaillé tout l'été à Montréal. Je ne comprenais pas pourquoi je ne t'avais pas vu. Mais si tu travaillais sept jours par semaine...! Pour ma part, j'ai fait quelques spectacles et j'ai travaillé sur mon nouveau livre. Il est terminé. Je dois aller le présenter chez Leméac. Mais j'ai un peu peur. Je ne sais pas ce que ça vaut. Mais je vais le savoir... c'est bien ce qui me fait peur. À part cela, je suis sobre depuis quelque temps. Je vais chez les AA et ça m'aide beaucoup. Tout est dans ma tête. Ça comme le reste. Je suis en train de remonter ma pièce *Le million* avec Bernard Proulx et Angèle Lamontagne. On a un impresario pour nous trouver du travail. On va essayer de vivre avec ça cet hiver.

Je te remercie pour le livre à Constantine. C'est bien gentil de ta part. Je te souhaite un bel automne et beaucoup d'inspiration. Tu salueras Yvon, Bernadette et Donald.

À bientôt,
Raymond

P.-S.: J'ai vu Paul Rose avec son petit dernier dans les bras (il a 1 mois) auquel il donnait le biberon. J'en ai ri un coup.

2 février 1988

Mon cher Sylvain,

Ici, c'est les temps durs. Pratiquement plus de travail, barré partout (mais non sans raisons) et toujours cette bataille permanente avec la bouteille, je n'ai pas le cœur à écrire. Mais je suis heureux de savoir que pour ta part tu es prolifique. Tu sauras sûrement te tailler une place importante dans notre littérature.

Je t'embrasse fraternellement, amitié à Yvon, Bernadette et Donald.

À bientôt,
Raymond

Montréal, le 5 septembre 1988

Mon cher Sylvain,

Les jours passent et m'écœurent de plus en plus. Je vais avoir 60 ans et en ai plein le cul. Mais je suis reconnaissant au bon Dieu de m'avoir donné beaucoup de belles choses. Si j'ai eu des problèmes de boisson, ce n'est pas de sa faute mais de notre ennemi: Satan.

Heureusement que j'ai ma belle Marie-Marine et mon beau Jean-Vivier, plus quelques bons camarades dont tu fais partie. Je suis fier de toi et espère pouvoir te causer d'ici peu.

Je te salue amicalement,
Raymond Lévesque

C'est bien qu'il y ait des poètes...
des bons gars... qui savent parler
d'autres choses que d'eux-mêmes...

leurs amours perdues... leurs rêves
déçus;
qui n'ont pas peur de dire des choses
qui dérangent,
prendre position pour toutes les
injustices,
Et les parias, qui sont souvent des
hommes valables... à la mauvaise
réputation... comme chantait si bien
ce merveilleux Brassens.
Je t'aime bien Sylvain Rivière,
Je te sens près de ceux qui souffrent,
qui sont rejetés,
Et qui ont besoin de gens comme toi.
Continue ta vie errante,
Aux cent métiers... autant d'amours
et de bonnes bières.
Tu n'as peut-être pas toujours les
bonnes manières,
Mais pour ceux qui ont d'autres raisons
d'être que l'argent et le prestige...
tu as un cœur d'or et la conscience
d'un homme debout.

Raymond Lévesque

Longueuil, le 3 mai 1991

Mon cher Sylvain,

Je croyais te voir au Salon du livre de Québec. J'y ai rencontré les Dufour et nous t'avons cherché sans succès. Je leur ai dit que je te croyais en France. J'ai vu de la publicité à ton sujet mentionnant deux prix littéraires. (Peut-être trois?) J'étais fier de toi et je suis convaincu que tu es le meilleur et que tu vas connaître une grande carrière.

Pour ma part, je sors de l'hôpital où j'ai séjourné pour une cure de désintoxication. Je suis maintenant sobre et compte bien le demeurer. Je suis une thérapie pour m'y aider. Pour ce qui est de l'écriture, avec la crise, je ne sais plus ce qui va arriver. J'ai un manuscrit chez Hexagone et j'attends. Pour cet été, j'essaie de m'ouvrir un petit café-théâtre du côté du lac Nominingue où j'ai des amis. J'espère que cela va marcher.

Je te salue bien et espère te revoir bientôt.

Fraternellement,
Raymond Lévesque

30 octobre 1991

Mon cher Sylvain,

Si je n'écris pas souvent, c'est que j'ai une vie en ouragan et ça me prend tout mon petit change pour survivre.

J'ai vu beaucoup de publicité autour de ton dernier livre. Guérin a bien fait les choses. Je vois que tu es aussi très occupé. Des voyages... des prix. Tu seras bientôt notre plus grand écrivain. Tu as beaucoup de talent et j'en suis très heureux pour toi. J'espère que ton théâtre d'été a bien marché. J'ai eu la visite de Julos Beaucarne qui m'avait d'ailleurs envoyé une carte des Îles. Nous avons parlé de toi.

J'espère que si tu viens à Montréal, tu trouveras le temps de me téléphoner. À très bientôt.

Je te salue fraternellement,
Raymond Lévesque

Mon cher Sylvain,

Je suis toujours très heureux de tes succès et je te remercie de m'avoir envoyé ta pièce de théâtre. Tu as un style très vivant et très personnel, c'est pourquoi tu vas faire ton chemin. J'espère que tu as passé un bel été dans ta maison et que la visite ne t'a pas trop importuné. Pour ma part, j'ai filé un mauvais coton, c'est pourquoi j'ai décidé d'aller faire un tour en France pour me changer les idées. Je pars le 7 septembre et je reviens le 7 octobre. Je t'enverrai une carte. Si tu vois Bernadette et Yvon, tu les salueras de ma part ainsi que monsieur Achille Hubert.

Amicalement,
Raymond Lévesque

Longueuil, le 12 novembre 1991

Mon cher Sylvain,

Je suis revenu d'Europe il y a un mois. J'ai fait un beau voyage et c'est le dernier. Maintenant, j'ai l'intention de visiter mon pays que je ne connais, en somme, pas très bien. Je te remercie pour ce document que tu m'as envoyé de Félix. Mais si je le connaissais, par contre j'avais égaré l'original. Cela m'arrange d'en avoir une copie. J'espère que tu vas bien. Est-ce que tu viens au Salon cette année? Pour ma part, je n'ai pas encore reçu d'invitation de la part de mon éditeur. C'est que l'an dernier j'avais eu quelques mots avec la dame qui s'occupe de distribuer leur horaire aux auteurs. Peut-être a-t-elle décidé de m'ignorer.

Je suis en train de terminer une nouvelle pièce de théâtre à deux personnages. Après je vais la monter et essayer de la jouer, car j'ai besoin de travailler. Les droits d'auteur ne sont plus ce qu'ils étaient et j'ai la hantise de devenir itinérant. Je présume que tu vas toujours de succès en succès et j'espère bien te revoir bientôt.

«Jamais le même»,
Raymond Lévesque

Longueuil, le 24 février 1992

Mon cher Sylvain,

Des amis m'ont dit avoir lu un article sous ta signature dans *La Presse* du samedi. Malheureusement, le samedi je préfère *Le Devoir*. Quand même je peux toujours juger de ton talent dans ce nouvel article que tu m'envoies. Dans ta dernière lettre, tu me parles d'un texte que je devrais te livrer au début d'avril. Malheureusement, je ne me souviens plus de quoi il s'agit. Il faudrait que tu me rafraîchisses la mémoire. Je suis toujours heureux d'avoir de tes nouvelles et de te savoir toujours en pleine création. Il faudrait bien qu'un jour tu viennes nous présenter une de tes pièces à Montréal. D'ici là, je te salue bien et si tu vois Bernadette et Yvon, dis-leur que j'en garde toujours un bon souvenir.

Amicalement,
Raymond Lévesque
(Signature certifiée authentique)

Longueuil, le 6 mai 1992

Mon cher Sylvain,

Si je comprends bien, mon texte a été accepté. Tu m'en vois très honoré et je t'en remercie.

C'est avec beaucoup de peine que je t'annonce que je ne suis plus invité dans les Salons du livre. Ni celui de Hull, ni celui de Québec et pour celui de Montréal, je m'y suis rendu sans invitation. Mais je ne me pose pas de questions. Je connais le fond du problème. Alors j'ai l'intention de fonder mon propre Salon que je baptiserais «Le salon des trois auteurs». C'est-à-dire qu'il y aurait toi, Pierre Morency et moi-même. Comme ça, la concurrence serait moins forte et nous pourrions vendre sûrement beaucoup de livres. Inutile de te dire que tous les autres auteurs seraient barrés et que nous ferions de notre mieux pour leur faire le plus de tort possible. Cela va très bien aller avec l'esprit du milieu.

Fraternellement,
Raymond Lévesque

Mon cher Sylvain,

Tu m'aurais envoyé l'Arche de Noé que je n'aurais pas été plus surpris. Si je peux maintenant me trouver un orgue de Barbarie, je vais pouvoir enfin gagner ma vie sur le coin d'une rue.

Merci mille fois,
à bientôt j'espère,
Raymond Lévesque

9 mars 1994

Mon cher Sylvain,

De retour de voyage, je m'empresse de t'écrire pour te souhaiter la meilleure année possible. Que ces jours continuent à participer à l'évolution de ton talent et de ta pensée. C'est un métier très difficile qui demande beaucoup de persévérance. Je suis sûr qu'avec le temps tu seras de plus en plus reconnu. C'est ce que je te souhaite avec la santé et la joie de vivre.

Merci encore de nous avoir si gentiment reçus.

Fraternellement,
Raymond Lévesque

24 juillet 1995

Mon cher Sylvain,

Je présume que tu te portes bien et que tu vas toujours de succès en succès. Tu dois avoir encore cet été quelques pièces à l'affiche; de ces pièces bien québécoises dont seul tu as le secret.

Tout à coup il me revient à l'esprit qu'il y a maintenant un an que tu as eu cet accident. J'espère que tu n'en auras pas des séquelles trop sérieuses.

Au début de juin, je suis allé à Paris avec Céline et Marine. Mais je n'aime plus la ville. J'y allais pour Marine, croyant que ce serait bon pour elle de voir une grande capitale. Mais elle semblait s'en foutre royalement. Donc, encore une fois, je me suis fourré. Mais ce n'est pas la première ni, je présume, la dernière. C'est ma spécialité. On a chacun un genre.

Je commence, au mois d'août, à tourner un court métrage pour l'Office. C'est un film sur ma carrière. Il devrait durer 15 minutes... à moins qu'ils ne décident de faire la tournée de mes vieux bars. Ils devront alors augmenter le budget. Je répète aussi pour un court ballet qui sera présenté du 8 au 15 septembre, à Québec et à Montréal, à l'occasion du 2e Festival de la littérature. Je pratique en ce moment mes pointes et le grand écart. Ils me font faire aussi un «tutu» spécial pour «danseuses à bedaine». J'espère que tu viendras voir ça. Si tu veux danser, je peux essayer de te pistonner.

Là-dessus, je te salue bien en espérant, quand tu en auras le temps, quelques mots de ta part.

Fraternellement,
Raymond Lévesque

Mon cher Sylvain,

Les gars de Saint-Pierre me demandent des informations sur mon spectacle, sur ce que je dis pour savoir si cela convient au public des Îles. Il y a sûrement quelqu'un qui les a mis en garde à mon sujet, de mon engagement «dérangeant». Cela me fait bien rire.

Pour le métro, tu prends direction Honoré-Beaugrand jusqu'à Cadillac et, de là, l'autobus 32 (dir. sud) jusqu'à Lafontaine. (Tél.: 251-8852)

J'espère qu'on va se voir. Si tu arrives pas trop tard le 14, je présente «La nouvelle conscience» au restaurant Le Commensal à 20 h (St-Denis, en bas de Sherbrooke — 2115).

Salut,
Raymond

La lettre à un ami

Mon cher Léon,
Je ne sais pas si tu vas
te souvenir de moi?
La dernière fois que je t'ai
vu, c'était en 1948.
18 ans déjà.

Je m'excuse si je ne t'écris
pas souvent... mais les occupations...
et puis le temps passe si vite.
En 1951, j'avais pensé t'écrire
... et puis je ne sais plus ce
qui était arrivé.

En 1956, j'avais commencé une lettre,
et puis le téléphone avait sonné.

En 1958, je m'étais dit: il faudrait
bien que j'écrive à Léon... puis j'avais
eu la grippe.
Enfin... me voilà!
18 ans déjà.

Ici à Sainte-Camilienne,
c'est toujours pareil.
Rien n'a changé.
Tu te souviens du petit ruisseau
où nous allions pêcher la barbote?
Eh bien il est disparu.
La route Trans-Canada passe maintenant
par là.
Ils ont enterré tout le ruisseau.
À part ça rien n'a changé.

La compagnie «Price Paper»
a fermé en 55.

Cela a été toute une histoire.
Y'a eu des protestations,
de la bagarre,
250 hommes sans travail.
Rien à faire.
L'usine a été démolie
et les hommes sont partis.
À part ça... c'est pareil comme avant.

Ah oui! Tu te souviens de la petite
Lucie Latranche qui voyait la Sainte Vierge
et qui guérissait des malades?
Eh bien elle s'est mariée.
Mais comme son mari la battait,
elle est partie et maintenant
elle vit avec Roger Laflamme... le draveur.
Ils ont six enfants.
À part ça, c'est toujours pareil.

Monsieur Bastien, le marchand général,
est mort.
Ainsi que M. le curé Latraverse.
Et puis aussi le notaire Godbout,
le docteur Sainte-Marie,
le gros Bolduc et les frères Durand
qui se sont tués en voiture.
À part ça... tout va bien.
18 ans déjà.

Pourtant c'est comme si c'était hier.
Depuis que tu es parti,
je me suis débrouillé pas mal.
J'ai travaillé cuisinier à Sainte-Martine,
pendant trois ans, pour un petit
entrepreneur.
Il me doit encore 1200 piastres.
J'ai fait un peu de plomberie, mais
j'ai eu un accident.

J'ai travaillé aussi sur les trucks,
ça allait bien, mais l'union est arrivée,
y'a eu de la chicane
et je me suis fait casser la gueule.
Après j'ai été contremaître sur une
construction,
puis y'a eu un gros vol.
Ça m'a passé sur le dos parce qu'ils avaient
trouvé, près de chez moi, des affaires volées
qui avaient été cachées là.
J'ai fait deux ans.
À part ça, ça va bien.
En ce moment, j'attends pour aller
travailler à la Manicouagan.
18 ans déjà.
Comme le temps passe vite.

Pour mon poumon...
Tu te souviens de mon poumon?
Eh bien j'ai traîné ça pendant des années,
examen sur examen,
des longs séjours dans des sanatoriums,
pis en fin de compte
ils me l'ont enlevé.
12 ans que ç'a traîné.
Maintenant ça va mieux.

En 57,
j'ai manqué me marier,
avec une petite de Saint-Calixte.
On s'est fréquentés pendant deux ans.
Je l'avais rencontrée à l'hôtel Central.
Je l'aimais bien.
Puis 15 jours avant qu'on se marie,
elle a disparu.
Je l'ai jamais revue,
je sais pas ce qui a pu arriver.
Ça m'a fait de la peine car je l'aimais bien.

Comme tu vois mon cher Léon,
la vie passe.
Y'en a des pires que moi.
Après tout j'ai mes deux jambes,
mes deux bras
pis un poumon.
Pourquoi je me plaindrais?

Je m'excuse encore de pas t'avoir
écrit avant.
Mais comme je te disais, les occupations,
puis on voit pas le temps passer.
En tous les cas on pourra dire que nous
aurons eu une belle jeunesse.
Tu te souviens quand on allait s'baigner à la
plage Royal,
pis que j'avais manqué me noyer?
Et à la chasse... quand on m'avait
tiré dessus.
C'était le bon temps.
Maintenant... me baigner... avec mon
poumon.
Puis la chasse, je suis plus capable,
car, j'avais oublié de te dire, mais je me
suis brûlé les yeux avec une torche acétylène.
J'ai manqué perdre la vue.
Maintenant je vois à 60 %.
Mais... ça va.

J'espère que tu vas bien aussi et que j'aurai
bientôt de tes nouvelles.

La dernière fois que je t'ai vu,
t'avais l'air triste.
Tu venais de te faire fourrer pour
5000 piastres,
ton père était en procès,
et ta mère à l'hôpital.

Pauvre Léon.

Tu me disais toujours:
Je sais pas si ça vaut la peine de vivre.

Sacré Léon.

T'avais pas un gros moral.
Mais moi aussi je me demandais si ça
valait la peine de vivre.

Et puis tu vois… ça s'est arrangé.

R. L.

Les funambules du dire…

À Raymond Lévesque

Les funambules du dire
Taisent leur mal de vivre
En maquillant le quotidien
D'une rime ou d'un refrain
En équilibre sur leur fil
Ils perdent pied et se défilent
Sans loi, sans chaîne et sans licou
Ces chiens fous d'on ne sait trop où

Les funambules du dire
Déambulent dans leur délire
Boudés des intellectuels
Qui n'ont pas le poids de leurs ailes
Ils se font quêteux de métier
Pour quémander à volonté
L'image neuve et rose et belle
De l'aube follement rebelle

Les funambules du dire
Sont étrangers aux souvenirs
Ils habitent la démesure
D'une galaxie contre nature
Et quand on les montre du doigt
Ils promènent leur rire gras
Sur la bêtise et l'ignorance
Qui couvent sous l'arrogance

Les funambules du dire
Se font parfois étoile filante
Alors l'écho porte leurs dires
Jusqu'au grabat de l'indécence
Et c'est timide qu'ils se retirent
Pour cuver le silence aigre
Dans la nuit froide du partir
Qui les applaudit… espiègle…

Annexes

Biographie

Raymond Lévesque, fils d'Albert Lévesque, éditeur, et de Jeanne Labrecque, est né à Montréal le 7 octobre 1928. Très jeune, il perdit sa mère. Son père s'étant remarié, vers l'âge de sept ans, il commença à étudier la musique avec sa grand-mère par alliance, madame Albertine Ouellette, qui était professeur de piano. Plus tard, il poursuivit le piano avec le grand maître qu'était monsieur Rodolphe Mathieu.

Ayant abandonné ses études vers l'âge de seize ans, il dut commencer à travailler. Il fit alors divers petits métiers jusqu'au jour où il rencontra Fernand Robidoux, qui était à ce moment-là une grande vedette de la chanson. L'auteur de «Quand les hommes vivront d'amour» avait déjà commencé à écrire des chansonnettes quand Fernand Robidoux l'encouragea en interprétant certaines de ses œuvres et en le faisant chanter dans des émissions radiophoniques. C'était en 1946.

La vogue étant aux chansons françaises et américaines, il entreprit de défendre les couleurs de la chanson québécoise, avec des camarades, comme Jacques Blanchet, Rolland D'Amour, Pat Di Stasio, Guy Bélanger, André Gingras et Guy Sauviat. C'est ainsi qu'en 1949, il anime, avec Serge Deyglun et Jeanne Maubourg, une émission sur les ondes de Radio-Canada intitulée *Grand-maman Marie*, au cours de laquelle il interprète ses propres chansons. Par la suite, le poste CKAC lui confie également du temps d'antenne pendant lequel il chante, avec Paulette de Courval, ses compositions et celles d'autres artistes. En 1950, il est engagé comme animateur à la station CHLP.

Avec la venue de la télévision en 1952, il travaille comme chanteur et comédien dans des émissions de variétés telles *Les jeunes an-*

nées et *Feuilles au vent*. Il partage deux séries de trente émissions avec Madame Juliette Béliveau, Aimé Major, Jacques Auger, Colette Bonheur et Dominique Michel.

En 1953, il a l'honneur de participer, en tant que comédien, à la première pièce de Marcel Dubé, *Zone*. Il remporte le prix du meilleur acteur de soutien lors du Festival d'art dramatique du Canada.

En 1954, il part pour la France, où il séjournera environ cinq ans. C'est là qu'il fait ses premiers disques, chez Barclay, et qu'il entend pour la première fois d'autres artistes interpréter ses chansons: Eddie Constantine, alors vedette du spectacle et du cinéma, Bourvil, Jean Sablon, Barbara, Guylaine Guy et Cora Vaucaire. Quelques-unes connurent du succès en France ou au Québec, dont «La famille», «Une petite Canadienne», «À Rosemont sous la pluie», «Monsieur Balzac», «Les trottoirs», «Les voyages» et «Quand les hommes vivront d'amour». Il se produit également dans des cabarets en vogue, dont L'Écluse, L'Échelle de Jacob, Le Port du salut, Chez Patachou et quelques autres. Il travaille aussi à la radio et à la télévision. Il a l'occasion par la suite de faire plusieurs tournées dans les grands music-halls de France, dont une avec madame Annie Cordy. En février 1958, il séjourne un court moment à Montréal pour créer le rôle-titre dans *Médée* de Marcel Dubé, un téléthéâtre qui connaîtra un vif succès.

Au début de 1959, il revient au Québec. Il fonde, avec Jean-Pierre Ferland, Clémence DesRochers, Claude Léveillée et Hervé Brousseau, la troupe Les Bozos. Ils ouvrent la première des boîtes à chansons du Québec. Par la suite, pendant plusieurs années, il fait la tournée de toutes ces boîtes, et fait les grandes salles dans un spectacle avec Gilles Vigneault. En 1964, en plus de sa propre boîte, il fonde Le P'tit Caporal, où il présente des revues d'actualité. Il en présentera également pendant dix ans, à La Butte à Mathieu, à Val-David.

Dans les années 1960 à 1975, il enregistrera six microsillons pour les firmes Sélect, Gamma, London et Filoson. En 1965, Pauline Julien endisque une douzaine de ses chansons, dont la célèbre «Bozo-les-culottes» (dont elle fut, du reste, la créatrice).

En plus de son travail de chansonnier et de revuiste, Raymond Lévesque écrira des comédies théâtrales qu'il jouera dans des théâtres d'été, tels La Butte à Mathieu, Le Patriote et Le Théâtre de l'Île, à

Saint-Pierre de l'île d'Orléans. Parmi ces comédies, retenons *Bigaouette*, *Allez et ne vous reproduisez plus*, *Tharèse*, *La guerre des étoiles*, *Piano-bar*. En tant que comédien, il participe également à des téléromans tels que *Joie de vivre*, de Jean Desprez, *Neuf à cinq*, de Marcel Dubé et *Le paradis terrestre*, de Roger Filiatrault. De 1959 à 1964, il anime une émission pour enfants, *Coucou*, à la télévision de Radio-Canada.

Encouragé par Gilles Vigneault, Raymond Lévesque a commencé à publier des recueils de poèmes: *Quand les hommes vivront d'amour*, *Au fond du chaos*, *On veut rien savoir*, *Le temps de parler* et *Électrochoc*. Il a également publié *Bigaouette* (théâtre), des textes humoristiques (*Le malheur a pas des bons yeux*, *C'est à ton tour René... mon cher*, *Lettres à Éphrem*) et des textes de souvenirs (*D'ailleurs et d'ici* et *De voyages et d'orages*). En 1991, Vlb a fait paraître un choix de textes de ses chansons dans un recueil intitulé *Le p'tit Québec de mon cœur*.

En 1980, il eut l'honneur d'être nommé Patriote de l'année et reçut plusieurs trophées, dont celui de l'ADISQ. En 1992, il fut nommé Grand Montérégien. Devenu sourd, il a dû abandonner, en 1985, son métier de chansonnier. Depuis, il se consacre exclusivement à l'écriture poétique et humoristique.

Discographie

Raymond Lévesque, *Quatre super 45-tours* (16 chansons), Paris, Barclay (1955-56-57).

Raymond Lévesque, Montréal, Sélect M-298-045 (1960).

Raymond Lévesque à La Butte à Mathieu, Montréal, Gamma GM-102 (1964).

Raymond Lévesque après 20 ans, Montréal, Gamma GM-111 (1967).

Raymond Lévesque, *Avant j'avais peur, maintenant je n'ai plus peur*, London SDL-30013 (1974).

Raymond Lévesque chante les travailleurs, London DEF-1004 (1975).

Raymond Lévesque, *Le p'tit Québec de mon cœur*, Filoson FIL-77101 (1977).

Raymond Lévesque, *Québec Love* (La collection), Montréal, Gamma (1983).

Raymond Lévesque, *Quand les hommes vivront d'amour*, Montréal, Sélect.

Bibliographie

Quand les hommes vivront d'amour (chansons, poèmes, théâtre, monologues), Montréal, Éd. de l'Arc, 1968.
Au fond du chaos (poèmes), Montréal, Parti Pris, 1971.
Le malheur a pas des bons yeux, Montréal, Éd. de l'Homme, 1971.
Bigaouette (théâtre), Montréal, Éd. de l'Homme, 1971.
On veut rien savoir, Montréal, Parti Pris, 1974.
Le temps de parler (poèmes), Montréal, Fides, 1977.
Électrochoc (chansons, poèmes), Montréal, Guérin, 1981.
C'est à ton tour René... mon cher (humour), Montréal, Guérin, 1983.
D'ailleurs et d'ici (mémoires), Montréal, Leméac, 1987.
Quand les hommes vivront d'amour... (chansons, poèmes), Montréal, l'Hexagone, 1989.
Lettres à Éphrem (humour), Montréal, l'Hexagone, 1989.
De voyages et d'orages (récit humoristique), Montréal, l'Hexagone, 1990.
Le p'tit Québec de mon cœur (chansons), Montréal, Vlb éditeur, 1990.
Ketchup ou comment refaire le monde, Montréal, Vlb éditeur, 1994.
Allez et ne vous reproduisez plus, Montréal, Humanitas, 1994.

Théâtre

Tharèse, Le Théâtre de l'Île, 1974.
Piano-bar, Le Théâtre de l'Île, 1976.
Quand les hommes vivront d'amour, Le Théâtre de l'Île, 1976.
On est deux, faut se parler, La Comédie-Canadienne, 1977.
On veut savoir, la tournée référendaire, 1980.
C'est à ton tour René... mon cher, Le Patriote, 1983.
Les amoureux de la rue Prince-Arthur, Théâtre Hall, 1985.
Le million, Théâtre de Saint-Donat, 1986.
La waitress, Le Salon des Cent, 1987.
Deux mille ans après Jésus-Christ, Théâtre du mont Tyrol, 1988.

Table des matières

Achevé d'imprimer en mars 1997 chez
VEILLEUX
IMPRESSION À DEMANDE INC.
à Boucherville, Québec